桥区水域船舶通航安全论证关键技术研究

孔宪卫 李笑晨 张帅 马殿光 赵增辉 丁美玲 段宇 ◎著

河海大学出版社
HOHAI UNIVERSITY PRESS
·南京·

图书在版编目(CIP)数据

桥区水域船舶通航安全论证关键技术研究 / 孔宪卫等著. -- 南京：河海大学出版社，2023.12
　　ISBN 978-7-5630-8782-2

Ⅰ. ①桥… Ⅱ. ①孔… Ⅲ. ①船舶-通航-安全管理-研究 Ⅳ. ①U698

中国国家版本馆 CIP 数据核字(2023)第 240652 号

书　　名	桥区水域船舶通航安全论证关键技术研究 QIAOQU SHUIYU CHUANBO TONGHANG ANQUAN LUNZHENG GUANJIAN JISHU YANJIU
书　　号	ISBN 978-7-5630-8782-2
责任编辑	张心怡
责任校对	周　贤
封面设计	徐娟娟
出版发行	河海大学出版社
地　　址	南京市西康路 1 号(邮编:210098)
电　　话	(025)83737852(总编室)　(025)83722833(营销部)
经　　销	江苏省新华发行集团有限公司
排　　版	南京布克文化发展有限公司
印　　刷	广东虎彩云印刷有限公司
开　　本	718 毫米×1000 毫米　1/16
印　　张	11.5
字　　数	195 千字
版　　次	2023 年 12 月第 1 版
印　　次	2023 年 12 月第 1 次印刷
定　　价	79.00 元

目录
Contents

第1章 绪论 ·· 001
  1.1 研究意义 ·· 003
  1.2 研究现状 ·· 004
    1.2.1 船撞桥研究 ·· 004
    1.2.2 通航安全风险评价研究 ··· 006
    1.2.3 通航安全的桥梁设计研究 ·· 009
  1.3 现有研究的不足和本书主要工作 ·· 010
    1.3.1 现有研究的不足 ·· 010
    1.3.2 本书主要工作 ··· 011

第2章 桥区水域通航风险要素分析 ··· 013
  2.1 全国主要通航河流桥梁现状 ··· 015
    2.1.1 长江干流主要通航桥梁现状 ··· 015
    2.1.2 西江航运干线桥梁现状 ·· 016
  2.2 桥区水域事故统计分析 ··· 022
    2.2.1 典型事故 ··· 022
    2.2.2 事故原因 ··· 023
    2.2.3 易发事故桥梁的特征 ·· 024

  2.3 风险因素分析·· 028
    2.3.1 桥梁因素·· 029
    2.3.2 环境因素·· 030
    2.3.3 船舶因素·· 032
    2.3.4 人为因素·· 039
  2.4 本章小结·· 040

第 3 章 基于船舶操纵模拟的船撞桥人为因素研究 ············· 041
  3.1 船撞桥概率研究·· 043
    3.1.1 AASHTO 模型简介 ····································· 043
    3.1.2 AASHTO 模型的改进 ·································· 044
  3.2 船舶操纵运动数学模型的建立······························ 047
    3.2.1 船舶操纵运动方程 ···································· 047
    3.2.2 水动力表达式 ··· 050
    3.2.3 船舶螺旋桨及舵力的求算 ··························· 055
    3.2.4 环境作用力的求算 ···································· 058
    3.2.5 船舶运动数学模型的率定 ··························· 065
    3.2.6 仿真环境系统 ··· 068
  3.3 改进的 AASHTO 模型的验证································ 069
    3.3.1 案例简介·· 069
    3.3.2 原始 AASHTO 模型结果 ······························ 071
    3.3.3 改进的 AASHTO 模型结果 ··························· 076
  3.4 本章小结·· 087

第 4 章 基于模糊数学理论的桥区水域通航风险评价 ············ 089
  4.1 通航风险评价方法研究······································ 091
    4.1.1 定性的安全评价 ······································ 091
    4.1.2 常用定量安全评价 ···································· 091
    4.1.3 适用于通航安全评价的方法比选 ·················· 093
    4.1.4 基于模糊数学的通航安全评价方法 ··············· 093

4.2 通航安全评价指标体系 098
      4.2.1 影响通航安全的因素 098
      4.2.2 通航安全评价指标体系的建立 099
   4.3 通航安全模糊综合评价模型的建立 104
      4.3.1 建立因素集 104
      4.3.2 确定评价集 105
      4.3.3 建立权重评价的矩阵 105
      4.3.4 建立隶属度决策矩阵 110
      4.3.5 建立综合评价模型 114
   4.4 评价模型在南京长江大桥通航安全评价中的应用 114
   4.5 本章小结 117

第5章 通航风险评价在桥梁通航设计中的应用 119
   5.1 桥址选择 121
   5.2 桥梁通航净空高度 122
   5.3 桥梁净空宽度 123
      5.3.1 基于设计规范的净空宽度 123
      5.3.2 基于航迹带的净空宽度研究 127
      5.3.3 基于几何关系的通航净宽确定研究 127
   5.4 设计阶段风险评价的应用 130
      5.4.1 桥梁选址方案评价 130
      5.4.2 基于通航模拟试验的净空宽度评价实例研究 135
      5.4.3 船舶碰撞概率研究 144
      5.4.4 桥区水域通航风险评价 150
   5.5 本章小结 152

第6章 桥梁运营阶段桥区水域通航安全信息化建设研究 153
   6.1 桥梁信息化建设的目的 155
   6.2 风险点分析 156
   6.3 安全信息的感知和反馈 157

6.4　桥梁通航信息化建设发展方向 ·············· 158
　　6.5　技术对策研究和前景展望 ················ 159

第 7 章　结论和展望 ······················ 161
　　7.1　主要结论 ······················ 163
　　7.2　展望 ························ 164

参考文献 ·························· 165

附录 ··························· 174

第1章
绪论

1.1　研究意义

在综合交通运输体系中,水运具有明显的资源节约、环境友好的比较优势,也是一种安全、高效、绿色、生态的运输方式,对于国民经济发展和国防建设而言都具有重要的作用,加快发展内河水运已上升为国家战略[1]。

水运的基础是航道,航道作为国家重要的公益性交通基础设施,属于有限的不可再生资源。截至2021年底,全国内河航道通航里程12.76万公里,居世界第一,内河等级航道里程6.72万公里,其中,三级及以上航道1.45万公里[2],基本形成了以长江干线、西江航运干线、京杭运河、黑龙江水系、长江三角洲和珠江三角洲航道网为骨干的干支直达、江海连通的航道网。2018年度,全国完成水路客运量2.8亿人,完成水路货运量70.3亿吨,水路航道承载着约占社会货运总量11%和货物周转总量47%的货运量[3]。将有限的航道资源保护好、利用好,对于促进我国水路运输发展,进而带动区域经济发展具有重要意义。

自20世纪90年代以来,随着社会经济的发展,我国桥梁建设达到高峰,已经建成通车的梁桥、拱桥、斜拉桥和悬索桥的最大跨径分别达到330 m(石板坡长江大桥复线桥)[4]、552 m(朝天门大桥)[5]、1 088 m(苏通大桥)[6]和1 700 m(杨泗港长江大桥)[7],建设的桥梁跨径世界领先。但是由于航道规划等级的修改和调整、内河通航标准的修订和调整[8]、部分早期建设的桥梁标准较低及河流水文和河床变化等方面的原因,已建桥梁的通航尺度不再满足航道发展的要求。例如,在西江航运干线规划Ⅰ级航道(南宁至思贤窖段)跨河已建49座桥梁中,通航净高和净宽尺度均满足Ⅰ级航道要求的仅有4座,即92%(45座)的现有桥梁通航净空尺度不能满足要求,其中通航净高不满足的有44座,通航净宽不满足要求的有32座,分别占90%和65%[9]。

随着航道及桥梁的发展,船舶撞桥事故越来越多,事故的影响也越来越大。根据相关资料,1960年至2008年间,国外发生的严重船舶撞击桥梁事故年均约0.7起;1978年至2008年间,中国严重的船舶撞击桥梁事故发生了21起,约年均1起[10],譬如2007年6月15日,"南桂机035"船撞击广东九江大桥[11]桥墩致使桥梁倒塌,导致4辆汽车落水、9人死亡,造成了非常恶劣的社会影响。

因此,研究桥区水域船舶通航安全问题,对保障桥梁安全和航道安全,促进桥梁工程和航道工程的发展具有重要的意义。

1.2 研究现状

桥区水域船舶通航安全问题涉及桥梁工程、航道工程、风险评价、水上交通运输规划与管理等多个领域,是典型的交叉学科。下面将重点从防止船撞桥等角度出发,对通航安全风险和桥梁通航安全设计等方面的国内外研究进展进行总结。

1.2.1 船撞桥研究

国际上,关于船舶碰撞桥梁问题的研究起始于20世纪60年代末,1970—1974年间,美国内河上发生了811起船撞桥事故[12],损失了2 300多万美元。20世纪70年代末80年代初,一些航运研究机构针对船舶碰撞桥梁问题开展了研究,如开普公司(Cap-Consult)对丹麦大带桥、茂盛公司(Maunsell & Partners)对澳大利亚塔斯曼桥、科威公司(COWI-Consult)对美国阳光大桥、摩基斯基公司(Modjeski & Masters)对直布罗陀海峡大桥的船舶碰撞桥梁问题进行了研究[13,14]。1970—1984年间,国外船舶碰撞桥梁事故的发生率出现了一个高峰期,1985—1990年间,船舶碰撞桥梁事故较少发生,90年代以后又有所增长[15]。1995年,国际航运协会(PIANC)常务会议成立了第19工作小组,该小组专门从事船舶碰撞桥梁事故的研究工作。其主要工作是对所有可航内陆水道、港口入口和海峡的桥梁和船舶进行研究。小组成员主要来自欧美的9个国家,遗憾的是我国未参加该小组,亚洲只有日本参加。该小组经研究建立了包含151起船桥碰撞事故的数据库[16],事故发生地点主要是欧洲和北美。该数据库中的事故概括了发生事故的三类原因,即人为原因、船舶原因和环境原因。

在我国,船舶碰撞桥梁问题的研究始于20世纪80年代末期。刘明俊等[17,18]对湖北黄石长江大桥建设期的船舶碰撞桥梁事故开展研究,论述了船舶在桥区水域受到水流因素作用后的漂移影响,并提出了船舶通过弯曲河段桥区水域的操纵方案。戴彤宇等[19,20]统计了1959—2002年这40余年来发生在长江干线上 10 余座桥梁上共计 172 起的船撞桥事故的资料。结果表明：船队的撞桥事故数量远多于单船，由船队导致的船撞桥事故占总数的 86%；172 起事故中，撞桥墩和桥墩防撞装置的有 147 起，占比高达 85%，撞桥梁上部结构的 8 起，占比约 5%。耿波、林铁良等[21-23]在戴彤宇的研究基础上补充了 2000 年至 2007 年的船舶碰撞桥梁数据，构建了桥梁基本数据、桥区自然环境数据、桥梁通航数据、船撞桥事故数据、通航船舶数据、被动防撞措施数据、主动防撞措施数据等多个子数据库。毛喆等[24]统计了长江海事局辖区 2005 年至 2010 年的水上交通事故，统计类型主要有碰撞、搁浅和触礁等 3 种，找出了长江干线水上交通事故的 15 个黑点段。陈崇云[25]在分析我国水上交通运输事故的原因时，提出了人为因素、船舶因素、管理类因素和环境因素这四个方面。蒙和彪[26]在分析长江航道重庆段的事故时，将其归纳为人为因素、环境因素和船舶因素。韩娟等[27]总结了桥墩防船舶撞击的主要方法。李应根等[28]对桥梁的非通航孔防船撞进行了研究。2017 年，Huang 等[29]提出建立狭窄桥区水域风险预警系统的设想。

  关于船舶碰撞桥梁概率的研究是在船舶碰撞船舶概率研究的基础上进行的。Fujii 等[30,31]通过研究日本海峡船舶与船舶间的碰撞事故提出了几何碰撞概率模型，该模型认为船舶碰撞是由于船舶偏离航向后不能及时改变航行方向或停下而导致的。Macduff[32]认为船舶随机地分布在航道上，通过计算出船舶与船舶碰撞的理论概率、引进修正系数解决模型与实际统计结果出现的偏差，然后解决实际问题。

  于 1991 年出版的《船舶碰撞公路桥梁设计指南》（美国）[33]是第一部受到普遍认可的桥梁受船舶撞击设计指南。该指南吸取了出现过的船撞桥事故的教训，总结了前人的研究成果，尤其借鉴了 IABSE（国际桥梁与结构工程协会）"船舶和桥梁与海洋结构物的碰撞"的研究成果，提出了船桥碰撞的 AASHTO（美国公路与运输协会）模型。该模型基于船舶或船队的偏航概率、碰撞的几何概率、船舶年通过桥区水域的数量提出了碰撞概率计算方法，并且对倒塌概率计算也提出了相应方法，该模型凭借方法完善、相对简单及实用性较强成为了一种人们常用的研究方法，但是该方法缺乏考虑风、流及驾驶员因素在碰撞过程中的影响。欧洲规范[34]提出了基于失效路径的积分算法，用于计算船桥碰撞的概率，从而进一步推进了船撞桥问题的研究工作。德国的

Kunz[35]建立了包含停船距离和偏航角两个变量在内的船桥碰撞概率计算模型,但该模型对自然条件参数影响的分析不够全面,未考虑船舶的横向分布,且对有关参数的确定不够严谨。Montewka[36]基于驾驶人员的避碰经验,以获取的大量事故数据为依据,提出了几何概率碰撞模型。Abdelaal等[37]根据船舶领域理论建立了防止船舶碰撞的非线性航迹模型。主要的船桥碰撞概率模型还有拉森(Larsen)模型等[13]。

我国的《公路桥涵设计通用规范》[38]在设防船舶的确定上参照的是河流的通航标准,而《内河通航标准》[39]规定不同等级航道对应不同吨位的代表船型,仅将桥的船撞力作为一个偶然荷载,并将该荷载作用等效为一个水平静力作用,不考虑桥下船舶的通航密度和船撞桥发生的概率,仅要求桥梁抗力必须满足相应航道标准所能通行船舶的撞击。《铁路桥涵设计基本规范》[40]则只给出了船撞力的等效静力计算公式。龚婷[41]对船撞桥概率的各种研究方法进行了综述。黄平明等[42]在船舶直航路条件下改进了 AASHTO 模型。戴彤宇[20]根据船舶事故统计数据统计出了我国主要桥梁的年碰撞次数,提出了基于神经网络方法的简化模型。张亚东等和杨伟、李冰提出了失控碰撞概率模型[43-45]。钟建国[46]采用 AASHTO 模型计算了嘉陵江上两座已建桥梁的碰撞概率和倒塌概率。Zhou 等[47]推导了风和流对船舶的作用,并根据风流作用公式对 AASHTO 模型中的几何概率参数进行了修改。张星星等[48]考虑到桥梁选址的河道条件和能见度的影响进而对 AASHTO 模型的系数进行了修正,使之能够应用于山区河流的船撞概率计算。孔宪卫基于船舶操纵模拟试验改进了 AASHTO 模型的几何概率表达形式,并引入停船概率。

综上所述,船撞桥事故受人为因素、环境因素、船舶因素及桥梁因素等的影响,事故后果往往影响很大,逐渐成为研究的热点。国内外现有的关于碰撞模型的研究主要集中于碰撞后碰撞荷载的设置,现有碰撞概率模型存在一定的缺陷,碰撞概率模型主要应用统计回归参数,未反映人为因素的操纵影响在碰撞概率中的影响,反映具体桥区船舶交通特征困难,特别是难以在设计阶段对桥梁的船舶碰撞计算概率做出较合理的估算。

1.2.2 通航安全风险评价研究

随着水上航运事业的发展,通航安全问题得到越来越多的关注,国内外针对水上安全评价做了大量工作，研究范围从内河到近岸沿海，从航道码头到桥区通航。安全评价起初主要被应用于英美等国家的保险、金融、财务等行业，英国的 Cockcroft、Barlatt 和日本的藤井等将安全评价引入水上交通工程行业。20 世纪 90 年代，英国在国际海事组织海上安全委员会第 62 届会议上提出了将综合安全评价法（FSA）应用于海上航行安全评价领域；2001 年国际海事组织海上安全委员会第 74 届会议正式通过《IMO 制定安全规则过程中应用 FAS（综合安全评价）指南》，为国际海运安全评价提供了科学工具[49]。在船舶通航安全风险评价领域，日本学者也做了大量工作[50]，新井康夫[51]对影响通航安全的自然环境因素提出了量化指标，为判断各因素对船舶通航安全的影响，并采取有效对策改善航行环境及保障安全提供了依据。Gucma[52]综述了船舶碰撞桥梁的研究，提出可以利用船舶操纵仿真模拟试验进行船舶碰撞桥梁风险的研究方法。Hsu[53]研究了港口的服务对船舶航行安全的影响。Park 等[54]研究了综合数据对船舶航行安全的影响。Koldenhof 等[55]研究了欧洲水域船舶航行的风险分析。2015 年，Ayhan 利用 FSA 方法对土耳其海域货船的安全性进行了分析[56]。2015 年，Zaman 等[57]基于船舶自动识别系统数据（AIS）利用 FSA 方法分析了船舶的碰撞风险。

我国在水上通航安全评价方面的研究起步比较晚。1997 年，郑中义、吴兆麟[58]利用灰色统计评估和灰色聚类系统理论的方法，对水上通航安全影响因素进行了量化评价，定量分析船舶航行环境的风险度。1999 年，邵哲平、吴兆麟[59]建立了基于自适应网格的模糊推理系统，对船舶航行的自然条件、航行条件等客观影响因素进行了评价。2001 年，吴兆麟[60]以研究水域某研究时间段内船舶发生交通事故的数量与同期船舶过往数量的比值作为评价该水域通航安全状况的指标，提出了"安全指数法"的评价方法。赵红红[61]对东营港利用船舶操纵模拟器进行了通航安全评价。蔡垚[62]给出了 FSA 方法存在的问题以及解决办法，完善了 FSA 方法在通航安全评价中的应用。赵学军[63]提出了 FSA 方法在港口水域通航安全评价的应用。程志鹏[64]提出了 FSA 方法在船舶锚泊安全中的应用。倪欣鹏[65]基于云理论，对鲅鱼圈港水域通航安全进行了评价研究。谭啸[66]将粗糙集理论和可拓理论结合起来，利用粗糙集理论做指标筛选和确定权重，通过可拓理论对数据进行离散化，找到对油码头影响严重的因素，从而构建了安全等级评级体系。

在通航安全评价方法方面,常用的有定性方法和定量方法两大类。主要的定性评价方法有作业条件危险性评价法(LEC法)、专家现场询问观察法、安全检查表、危险可操作性研究、故障类型和影响分析等,具有容易理解、便于操作及评价过程简单的优点,但因在评价过程中经验占的比重大,局限性很大,评价结果的差异性也较大[67,68];定量评价方法中应用较为广泛的有综合评价法、危险指数评价法、灰色关联评价法、概率风险评价法、神经网络评价法等几种,其中综合评价法结合模糊数学方法以其能降低评价指标中评价者主观因素的影响等优点,在多层次和多指标的评价系统中得到较多的认可。

1980年,汪培庄[69]最早提出了模糊综合评价模型,陈永义等[70]对该模型提出了几种改进的方法使模型更具实用性。王光远[71]研究了模糊综合评判的数学模型表达形式,王道勇[72]提出模糊综合评判几种失效的判定及处理方法,宋世德等[73]提出加权合成法来解决模糊综合评判中的失真和失效问题。张晓平[74]从应用和理论方面研究了模糊综合评判,提出了基于贴近度的模糊综合评判的集化方法。邱云明[75]用模糊综合评价法分析了临海港口航道航行环境。张大恒[76]、赵磊[77]以指定水域内近年来海上事故统计数据为依据,首先通过应用系统安全分析的方法针对该海域船舶通航环境的安全性进行定性分析,然后构建指标体系利用模糊数学方法对特定港区通航安全进行分层研究,并验证了定性计算的合理性。王晨阳等[78]利用模糊综合评价法分析了沿海港区新建码头的通航风险评价。李锦伟[79]用模糊层次分析法评价了高速船的通航风险。廖学海[80]用模糊综合评价法评价了四川省的公路洪灾风险。高祥安[81]用模糊综合评价法评价了船舶的航线安全。周振超[82]用模糊综合评价法评价了狭水道的船舶操纵安全。

桥区水域船舶通航具有通航条件复杂、发生事故危害大等特点,桥区水域的通航风险评价研究主要集中在通航风险要素的选取以及评价的具体方法方面。肖亮希[83]、梁锡[84]采用模糊综合评价法对桥区水域的通航环境进行了安全评价,建立了内河大桥桥区水域通航环境危险度评价指标体系,未考虑人为因素在安全评价中的影响;2013年,由黄长海等[85]建立的桥区水域通航安全风险评价模型首次提出2-范数法组合赋权方法,提出了对各桥区的分类管理措施,未考虑人为因素在安全评价中的影响;2018年,钟军等[86]对影响船舶通过桥区水域安全的因素进行辨识,构建了包含标准风天数、能见度、桥区最大水流速、桥梁通航净宽等10个指标在内的指标体系,采用熵权法和层次分析法计算各指标的权重,并依据最小鉴别原理进行权重组合,得到兼顾客观和主观因素的权重,构建了船桥碰撞风险的模糊物元评价模型,该模型同样未考虑人为因素在安全评价中的影响。

总的来看,通航安全风险评价方法分为定性与定量两种,其中模糊综合评价法作为一种定量方法有很好的应用。桥区水域具有交通流密集、通航条件复杂等特点,影响船舶通航安全的因素众多,对影响因素尤其是人为因素的分析研究有待进一步的提高。

1.2.3 通航安全的桥梁设计研究

1.2.3.1 桥梁通航净高

桥梁通航净空高度对通航的影响巨大,譬如南京长江大桥桥梁净空高度为24 m,仅满足3 000吨级船舶航行需求,严重阻碍了长江中上游航运发展[87]。在广西规划Ⅰ级航道跨河已建的49座桥梁中,通航净高不满足航行需求的有44座。如果拆掉现有桥梁进行重建,需要花费巨大的人力和财力,如何妥善解决这个问题,成为了内河航运发展的重大课题。

根据《海轮航道通航标准》[88],跨越桥梁通航净高应为代表船型水线以上高度与富裕高度之和。富裕高度在通航海轮的内河水域或有掩护的海域为2 m;在波浪较大的开敞海域,建在重要航道上的桥梁取4 m。《内河通航标准》中,根据航道等级和代表船型,分为天然和渠化河流、黑龙江水系、珠江三角洲至港澳线内河,给出了通航净高的具体数值[39]。《长江干线通航标准》直接给出了长江干线不同河段的通航净空高度值[89]。贺亮鑫[90]认为,除代表船型水线以上高度与富裕高度之和外,还要考虑库区河段雍水的高度。

桥梁通航净高主要根据桥区的规划船型空载水线以上的高度进行确定,只要确定了航道的发展规划技术等级,通航净空高度就基本可以确定。

1.2.3.2 桥梁通航净宽研究

《内河通航标准》中,根据航道等级和代表船型,分为天然和渠化河流、黑龙江水系、珠江三角洲至港澳线内河,给出了通航净宽的具体数值[39],并在附录给出了代表船型通航所需的通航净宽计算公式,以及桥梁轴线法线方向与水流流向交角的不同度数、横向流速不同大小时的净宽增加值,同时规定桥梁的桥墩及桥柱出现碍航的紊流时,通航净宽应恰当加大。《长江干线通航标准》的计算方法和《内河通航标准》相同,还增加了一条"水上过河建筑物主通航孔应覆盖深泓的摆动范围"。《海轮航道通航标准》规定的桥梁通航净空宽度为航道有效宽度乘以一个扩大系数,其中有效宽度的计算通常考虑航道的实际测量宽度、安全边距、船舶的尺寸类型和航行条件等因素。庄元[91]指出,内河通航标准中未考虑风的影响,因此提出了在风、流共同作用条件下的通航净宽计算方法。

综上所述,现有通航宽度研究主要基于经验公式考虑了代表船型通过所占用的宽度,代表船型主要是大型船舶,由于现有观测手段等方面的局限性,对桥区小型船通过的研究较少,对桥区习惯航路和实际航迹的研究较少,导致通航宽度设置对通航水域的覆盖程度不够。随着桥梁和航运事业的快速发展,适合桥梁建设和通航的河段桥梁位置越来越少,选址限制使得桥梁轴线法线与水流方向交角很大的桥梁越来越多,确定该类桥梁有效通航净空尺度的研究却不够多。

1.3 现有研究的不足和本书主要工作

1.3.1 现有研究的不足

总的来看,桥区水域船舶通航安全问题涉及桥梁工程、航道工程、风险评估、水上交通运输规划与管理等多个领域,问题复杂,当前的研究还有许多不足之处。

(1) 国内外现有碰撞模型的研究主要集中于碰撞后的碰撞荷载设置,碰撞概率模型主要应用统计回归参数,反映具体桥区船舶交通特征和人为因素的操纵影响困难,特别是难以在设计阶段对桥梁的船舶碰撞计算概率做出较合理的估算。

(2) 影响桥区水域通航安全的因素众多,现有研究很多采用了定性的方法;已建成的桥区水域越来越呈现交通流密集、大型船舶增多、大型小型船舶混杂、船型和现有通航孔不适应、通航条件复杂的特点;影响因素尤其是人为因素的定量分析有待进一步提高。

(3) 现有桥梁通航设计主要考虑了大型船舶通过所占用的宽度,对桥区小型船通过的研究较少,桥梁设计和航道、船舶通航的适应性需要进一步研究。

(4) 随着桥梁和航运事业的快速发展,桥梁建设和通航同时适合的河段位置越来越少,选址限制使得桥梁轴线法线与水流方向交角很大的桥梁越来越多,确定该类桥梁有效通航净空尺度的研究不够多。

1.3.2 本书主要工作

本书将采用现场调研、理论研究及数学模型试验的研究方法,针对桥区水域船舶通航安全问题进行研究。具体章节安排如下。

(1) 第二章将在调研全国主要通航河流桥梁的情况,收集通航净高、通航净宽资料,收集事故资料和分析事故产生原因和易发事故桥梁特征的基础上,研究桥区水域通航的主要风险因素。

(2) 第三章将建立船舶操纵数学模型,基于船舶模拟器的仿真环境和船长的操纵经验,进行船舶操纵仿真试验。并在试验的基础上,改进 AASHTO 模型,计算船撞桥的概率,以充分考虑船撞桥概率的人为因素影响,用改进的模型计算了南京长江大桥的船撞桥概率,并用实测资料进行了验证。

(3) 第四章将在对已有通航风险评价的定性和定量方法进行总结的基础上,基于模糊数学理论建立包含 4 个一级因素、10 个二级因素在内的桥区水域通航风险评价模型。用该模型对南京长江大桥水域的通航风险进行了评价,并与其他学者的研究进行了对比。

(4) 第五章将在风险要素分析及通航风险评价的基础上,提出桥梁船舶通航设计的 3 个关键参数(即桥梁选址、通航净宽、通航净高)的设计方法,针对选址限制使得桥梁轴线法线与水流方向交角很大的桥梁越来越多这一情况,研究了基于几何关系的斜桥正座、斜桥斜座及桥群河段有效通航净宽的计算方法,将船撞桥概率模型及桥区水域通航风险评价方法应用于长江李埠公铁大桥的通航设计研究中。

(5) 第六章将围绕船舶通航安全,探讨桥梁信息化建设的目的和特殊性,以及相关的风险分析、安全信息的提供和感知、风险信息的感知和反馈、技术对策研究和前景展望。

(6) 第七章给出了本书的结论和对进一步工作的展望。

第 2 章
桥区水域通航风险要素分析

第2章 桥区水域通航风险要素分析

桥区水域是事故多发地带,船舶通航存在多种风险。本章将在介绍我国主要通航河流桥梁现状的基础上,对桥区水域事故进行统计,总结事故原因以及易发事故的桥梁特征,提出桥区水域通航的风险因素。

2.1 全国主要通航河流桥梁现状

全国主要通航河流可以分为珠江水系、长江水系、黑龙江水系、淮河水系、京杭运河以及其他通航河流。这里主要针对长江干流和珠江干流的桥梁进行统计,统计年限分别为:长江水系至 2018 年 12 月 31 日,珠江水系至 2013 年 12 月 31 日。

2.1.1 长江干流主要通航桥梁现状

长江水系的支流主要有岷江、嘉陵江、汉水,雅砻江、沅江、湘江、乌江、资水、赣江和沱江。本节主要介绍长江干流的部分主要桥梁,如表 2-1 和表 2-2 所示。

长江干流下游从武汉至长江口航道长 1 143 km,据不完全统计河段内有桥梁 34 座。南京长江二桥和南京长江大桥的净高都为 24 m,南京长江二桥以下水域的桥梁净高都在 50 m 以上,因此大型海船只能到达南京长江二桥以下水域。南京长江二桥以上水域的桥梁通航净高都在 24 m 以下,最小为武汉长江二桥的 22 m。关于桥梁净空宽度,南京长江大桥为 144 m,九江长江大桥为 216 m,其他最小的为 245 m。武汉至安庆段航道维护尺度 2015 年为 4.5×200×1 050(水深×航宽×转弯半径,单位为 m,下同),2020 年建设标准为 6.0×200×1 050,通航 5 000 吨级江海船;安庆至芜湖段航道维护尺度 2015 年为 6.0×200×1 050,2020 年建设标准为 7.0×200×1 050,通航 5 000 吨级海船和 1 万吨级江海船;芜湖至南京段航道维护尺度 2015 年为 9.0×200×1 050,2020 年建设标准为 10.5×200×1 050,通航 5 000 吨级江海船;南京至南通段航道维护尺度 2015 年为 10.5×500×1 050(条件受限,河段航宽不小于 200 m),2020 年建设标准为 12.5×500×1 050(其中,福姜沙北水道、中水道航道宽 260 m,口岸直水道鳗鱼沙左汊航道宽 230 m,畅洲左汊、右汊航宽 250 m),通航 5 万吨级海船;南通至浏河口段航道维护尺度 2015 年为 10.5×500×

1 050,2020年建设标准为12.5×500×1 050,通航5万吨级海船。

长江干流中游从宜昌至武汉航道长626 km,据不完全统计河段内有桥梁15座,其净空高度均大于18 m,净空宽度均大于120 m。宜昌至城陵矶段航道维护尺度2015年为3.5×100×750,2020年建设标准为4.0×100×1 050,通航3 000吨级货船和1万至2万吨级船队;城陵矶至武汉航道段维护尺度2015年为3.7×150×1 000,2020年建设标准为4.5×100×1 050,通航3 000吨级货船和由3 000吨级驳船组成的2万至3万吨级船队。

长江干流上游从宜宾至宜昌航道长1 044 km,据不完全统计该河段内有桥梁25座,其净空高度都大于18 m,除重庆白沙沱铁路桥净空宽度为74.8 m外,其他桥梁净空宽度均不小于158 m。宜宾至重庆段航道维护尺度2015年为2.7×50×560,2020年建设标准为3.5×60×800,全年通航2 000吨级船舶;重庆至涪陵段航道维护尺度2015年为3.5×100×800,2020年建设标准为3.5×150×1 000,主要通航2 000至3 000吨级驳船组成的6 000吨至1万吨级船队;涪陵至宜昌段航道维护尺度2015年为4.5×150×1 000,2020年建设标准为4.5×150×1 000,主要通航2 000至3 000吨级驳船组成的6 000吨至1万吨级船队。

综上所述,历史上由于南京长江大桥建造的通航净高只有24 m,因此大型海船只能上行到南京,南京以上水域主要通行小型海船和内河船,通航净高都在24 m以下、18 m以上,其中从武汉起以上水域通航净高都为18 m。早期建设的桥梁通航净宽都很小,重庆白沙沱大桥只有74.8 m,南京长江大桥为144 m,武汉长江大桥为128 m。随着我国桥梁技术的发展及考虑到通航标准的要求,于21世纪建成的桥梁净宽基本都在300 m以上,其中杨泗港长江大桥达到了1 700 m。

2.1.2 西江航运干线桥梁现状

本节主要介绍西江航运干线的主要桥梁。西江最上游一段被称为南盘江,与北盘江汇流后称作红水河;红水河自石龙镇三江口与柳江汇合后称作黔江;黔江至桂平与郁江汇流后称作浔江;浔江从梧州与桂江汇合后称作西江;西江自梧州市的界首进入广东境内,其在广东三水思贤滘与北江相互沟通后南流入珠江三角洲网河区,主流经磨刀门出海。郁江为西江第一大支流,上游被称为右江,汇合左江后被称为郁江。其流经南宁至桂平后汇入西江[91]。由于郁江河道宽、水深,自然条件优越,沿江两岸物产丰富,人口稠密,商品生产发达,物流需求多,城市开放及航运文化发达,故习惯上以郁江南宁以下,包括浔江、西江在内,作为西江的航运干线,西江航运干线是珠江水系的主要水运通道,如图 2-1 所示。

图 2-1　西江航运干线示意图

西江航运干线航道长 851 km,据不完全统计,从南宁至思贤溶段有桥梁 49 座,邕江大桥净高为 6 m,贵港铁路桥净高为 6.3 m,其余净空高度均大于 10 m,贵港枢纽交通桥通航净宽为 45 m,长洲枢纽交通桥通航净宽为 46 m,栾城大桥通航净宽为 50 m,邕江大桥通航净宽为 53 m,其余桥梁通航净宽均大于 60 m。对 49 座桥梁的净空尺度情况进行了统计,结果如表 2-3 所示。49 座桥梁中,通航净高和净宽尺度均满足 I 级航道要求的仅有 4 座,即 92%(45 座)的现有桥梁通航净空尺度不能满足要求,其中通航净高不满足要求的有 44 座,通航净宽不满足要求的有 28 座,分别占 90% 和 57%[9]。

表 2-1 长江下游主要桥梁一览表

序号	桥名	结构型式	用途	里程(km)	建成日期(年)	最大通航孔净宽(m)	通航净高(m)
1	苏通长江公路大桥	双塔斜拉桥	公路	67.5	2008	891	62
2	江阴长江公路大桥	双塔双索钢箱梁悬索桥	公路	156.3	1999	1 385	50
3	崇启大桥	连续钢箱梁	公路	1.5	2011	152	28.5
4	常州化工管线桥	预应力混凝土钢构一连续组合梁	管线	180.94	2012	180	18
5	常泰长江大桥录安洲专用航道桥	钢桁拱桥	公铁两用	182.88	2005	95	10
6	扬中长江二桥	混凝土连续结构	公路	193	2004	110	18
7	泰州长江公路大桥	三塔悬索桥	公路	212.3	2013	680(双)	50
8	润扬长江公路大桥	悬索桥(南)斜拉桥(北)	公路	279.3	2005	1 400	南:50 北:18
9	南京长江四桥	三塔三跨悬索桥	公路	323.9	2012	1 418	50
10	南京长江二桥	双塔斜拉桥	公路	334.4	2001	592	北:18 南:24
11	南京长江大桥	双层钢桁架	公铁	344.8	1968	144	24
12	南京长江三桥	双塔斜拉桥	公路	363.5	2003	490	24
13	南京大胜关长江大桥	钢桁拱桥	铁路	365	2011	336	24
14	马鞍山长江公路大桥	左悬索桥 右拱形桥斜拉桥	公路	411.6	2013	左790(双) 右:260	左32 右18
15	芜湖长江大桥	双层钢桁梁斜拉	公路	438	2000	312	24
16	芜湖长江公路二桥	双塔双索面斜拉桥	公路	472	2017	806	32
17	铜陵长江公铁两用大桥	双层钢桁斜拉	公铁	496.4	2015	630	32
18	铜陵长江公路大桥	双塔斜拉	公路	549.6	1995	432	24

续表

序号	桥名	结构型式	用途	里程(km)	建成日期(年)	最大通航孔净宽(m)	通航净高(m)
19	宁安城际铁路安庆长江大桥	双塔斜拉	铁路	617.5	2015	550	24
20	安庆长江公路大桥	双塔斜拉	公路	636.7	2004	460	24
21	望东长江公路大桥	双塔斜拉	公路	498.3	2016	612	24
22	九江长江大桥	双层钢桁梁结构	公铁	789.2	1996	216	24
23	九江长江公路大桥	双塔单侧混合梁斜拉桥	公路	800	2013	600	24
24	黄石长江公路大桥	预应力混凝土连续刚构桥	公路	下游914.7	1995	245	24
25	鄂东长江公路大桥	组合梁斜拉桥	公路	下游915.7	2010	926	24
26	鄂东长江大桥	双塔双索面预应力混凝土斜拉桥	公路	下游944.1	2002	480	24
27	黄冈公铁两用长江大桥	变截面预应力混凝土连续梁桥	公铁两用	下游963.5	2014	567	24
28	团风罗霍洲大桥	悬索桥	公路	下游973.0	2017	150	18
29	阳逻长江大桥	双塔三索面钢桁梁斜拉桥	公路	下游1 010	2007	1 280	24
30	天兴洲长江大桥	三塔斜拉桥	公铁两用	下游1 029.5	2009	504	24
31	武汉二七长江大桥	双塔双索面预应力钢筋混凝土斜拉桥	公路	下游1 035.6	2011	618	24
32	武汉长江二桥	双塔双索面预应力钢筋混凝土斜拉桥	公路	下游1 038.7	1995	400	22

表 2-2　长江中游主要桥梁一览表

序号	桥名	结构型式	用途	航道里程（km）	建成日期（年）	设计最高通航水位（m）	最大跨径（m）	通航净高不小于（m）
1	夷陵长江公路大桥	三塔斜拉	公路	中游 627.1	2001	51.76	348	18
2	宜万铁路长江大桥	连续钢构柔性组合桥	铁路	中游 622.5	2010	51.51	275	18
3	宜昌长江公路大桥	钢箱梁一跨式的斜拉桥	公路	中游 610.8	2001	52.18	960	18
4	枝城长江大桥	双层钢桁	公铁两用	中游 568.0	1971	48.25	160	18
5	荆州长江大桥	双塔斜拉桥	公路	中游 481.0	2002	42.49	500	18
6	公安长江大桥	双塔斜拉桥	公铁两用	中游 436.1	2018	39.81	518	18
7	蒙华铁路洞庭湖大桥	三塔钢桁梁结合梁斜拉桥	铁路	洞庭湖口内 3 公里	2017	33.488	406	18
8	洞庭湖二桥	双跨钢箱梁悬索桥	公路	洞庭湖内 4 公里	2018	33.64	1 480＋460	18
9	荆岳长江公路大桥	双塔钢箱梁斜拉桥	公路	中游 217.8	2010	31.9	804	18
10	武汉军山长江公路大桥	双塔双索面五跨连续钢箱梁斜拉桥	公路	中游 26.8	2001	27.1	460	18
11	沌口长江公路大桥	五跨一联双塔双索面钢箱梁斜拉桥	公路	中游 18.6	2017	26.81	760	18
12	武汉白沙洲大桥	混合型钢箱梁斜拉桥	公路	中游 10.5	2000	26.25	618	18
13	武汉杨泗港长江大桥	悬吊斜拉组合桥	公路	中游 7.7	2019	27.52	1 700	18
14	鹦鹉洲长江大桥	三塔悬索桥	公路	中游 4.5	2014	26.2	850	18
15	武汉长江大桥	双层全铆菱形连续钢桁梁桥	公铁两用	中游 2.5	1957	25.91	128	18

表 2-3　西江航运干线主要桥梁一览表

航段起讫点	编号	桥梁名称	建成时间（年）	通航孔数	净空尺度(m) 净高	净空尺度(m) 净宽	设计最高通航水位 水位(m)	设计最高通航水位 重现期
南宁至西津	1	邕江大桥	1964	2	6	53	74.5	5
	2	桃源大桥	2009	2	10	70	76.25	10
	3	凌铁大桥	2013	2	10	70	76.33	10
	4	白沙大桥	1993	2	10	70	74.76	5
	5	葫芦鼎大桥	2007	1	10	200	75.9	10
	6	英华大桥	2014	一孔跨过通航水域	13	245.9	77.47	20
	7	柳沙大桥	2014	一孔跨过通航水域	13	238	77.21	20
	8	南宁大桥	2009	一孔跨过通航水域	10	170	75.25	10
	9	三岸大桥	1997	一孔跨过通航水域	10	150	73.1	5
	10	三岸双线大桥	在建	一孔跨过通航水域	22.1	201.7	74.6	10
	11	仙葫大桥	2008	2	10	100	74.08	10
	12	新邕江铁路大桥	2013	1	11.3	161	73.51	10
	13	邕江铁路大桥	2003	2	10	80	73.44	10
	14	邕宁邕江大桥	1996	一孔跨过通航水域	10	235	72.02	5
	15	五合大桥	2012	1	10	202.8	73.49	20
	16	六律大桥	1998	2	10	60	70.76	5
	17	大冲大桥	2016	一孔跨过通航水域	10	285	71.64	10
	18	伶俐大桥	在建	一孔跨过通航水域	13	224	70.44	20
	19	六景大桥	1998	一孔跨过通航水域	10	210	67.4	10
	20	峦城大桥	1995	2	10	50	66.51	10
	21	飞龙铁路大桥	1998	2	10	80	65.52	20
	22	新飞龙铁路大桥	2024	2	10	80	65.52	20
西津至贵港	1	那阳大桥	1987	2	10	60	54.2	5
	2	香江圩郁江公路特大桥	2003	2	10	70	52.16	20
	3	贵港枢纽交通桥	2000	跨引航道	10	45	46.51	5
贵港至桂平	1	贵港西江大桥	1980	2	10	60	45.53	5
	2	贵港铁路桥	1954	2	6.3	60	45.25	5
	3	贵港铁路二桥	2000	2	10	60	45.94	10
	4	贵港东环大桥	2016	一孔跨过通航水域	13	234	46.5	20
	5	贵港郁江特大桥	2016	13	110	45.4	20

续表

航段起讫点	编号	桥梁名称	建成时间(年)	通航孔数	净空尺度(m) 净高	净空尺度(m) 净宽	设计最高通航水位 水位(m)	设计最高通航水位 重现期
贵港至桂平	6	南广铁路大桥	2012	1	13	228	42.6	20
贵港至桂平	7	贵梧桂平大桥	2024	2	13	110	42.5	20
贵港至桂平	8	桂平枢纽公路桥	2009	跨引航道	10	73	40.7	10
桂平至长洲	1	平南西江大桥	1992	2	10	90	32.34	5
桂平至长洲	2	梧柳高速大桥	2017	2	13	132	34.33	20
桂平至长洲	3	藤县西江大桥	2003	2	10	90	27.4	10
桂平至长洲	4	石良铁路桥	2005	2	10	97	25.86	10
桂平至长洲	5	马梧高速大桥	2006	2	10	136	25.79	10
桂平至长洲	6	长洲枢纽交通桥	2015	跨船闸闸首	13	46	25.93	10
长洲至思贤滘	1	梧州西江三桥	2017	2	13	166.2	26.39	20
长洲至思贤滘	2	梧州西江一桥	1990	2	10	65	25.13	10
长洲至思贤滘	3	梧州西江四桥	2023	1	13	236	26.36	20
长洲至思贤滘	4	梧州云龙大桥	1998	2	10	90	24.19	10
长洲至思贤滘	5	封开大桥	2010	2	18	138	24.85	20
长洲至思贤滘	6	德庆西江大桥	1999	2	12.5	90	20.32	20
长洲至思贤滘	7	南广铁路大桥	2014	一孔跨过通航水域	24	400	15.10	20
长洲至思贤滘	8	肇庆西江大桥(旧)	1987	2	11.5	131	13.59	20
长洲至思贤滘	9	肇庆西江大桥(新)	2005	2	18	132	13.59	20
长洲至思贤滘	10	肇庆大桥	2001	2	18	100	13.45	20

2.2 桥区水域事故统计分析

2.2.1 典型事故

根据2014年公布的《水上交通事故统计办法》[92],水上交通事故等级分为5类:特别重大事故,是指造成30人以上死亡(含失踪)的,或100人以上重伤的的事故;重大事故,是指造成10人以上30人以下死亡(含失踪)的,或50人以上100人以下重伤的事故;较大事故,是指造成3人以上10人以下死亡(含失踪)的,或者10人以上50人以下重伤的事故;一般事故,是指造成1人以上

3 人以下死亡(含失踪)的,或者 1 人以上 10 人以下重伤的事故;小事故,是指未达到一般事故等级的事故。通常在桥区水域发生的是船撞桥事故,船舶尤其是客船与桥梁发生碰撞导致船毁人亡往往会造成较大事故以上等级的事故,这样的事故国内外发生过多起。

国际上,例如 1983 年 6 月发生的"亚历山大·苏沃洛夫"客轮撞桥事故,该客轮在通过苏联乌里扬诺夫斯克伏尔加河上的一座铁路桥时,因船长粗心驾驶导致客船偏离主航道经由该桥非通航航道通过,由于侧跨净空高度不足,该船的上甲板室与桥的上部结构相撞,导致船上包括电影放映室在内的上甲板室全部被切掉,共有 176 人丧生[20];又例如 2002 年 5 月发生的阿肯色河大桥船撞桥事故,由于船长突发病症,一艘拖轮顶着两艘运油的空驳船撞上美国 40 号州际公路阿肯色河大桥非通航孔桥墩,造成公路桥坍塌,至少有 17 辆汽车从高空坠入河中,共 17 人死亡[20]。

在国内,例如 2007 年 6 月发生的"南桂机 035"船撞桥事故,该船装满河沙,在距广东九江大桥约 1 100 m 时遇浓雾天气,人为失误使得该船偏离航道误入非通航孔,致使该船船头与九江大桥 23#桥墩发生触碰,导致九江大桥倒塌,约 200 m 的四孔桥面连同桥上行驶的 4 辆汽车落水,9 人死亡[93];又例如 2008 年 3 月发生的"勤丰 128"船撞桥事故,该船从宁波镇海驶向天津,在海况良好的情况下航道偏离金塘大桥主通航孔,驶入了主通航道口西面 1 500 m 处大桥东段第 19#和 20#桥墩之间的非通航孔,船舶前桅撞上桥梁上部结构,造成桥面整体坍塌,桥毁船亡,共 4 人死亡[94]。

2.2.2 事故原因

1995 年,国际航运协会(PIANC)常务会议成立了第 19 工作小组,该小组专门从事船舶碰撞桥梁事故的研究工作,主要是对所有可航内陆水道、港口入口和海峡的桥梁和船舶开展研究。小组成员主要来自欧美的 9 个国家,亚洲只有日本参加,遗憾的是我国未能参加该项研究。经研究,该小组建立了 151 起船桥碰撞事故的数据库[16],事故发生地点主要在欧洲和北美。该数据库主要包含三类事故原因,即人为原因、船舶原因和环境原因。人为原因包括:缺乏必要的通航信息,对引航员指令的理解有误,缺乏操纵船舶的必要技能或证书,对主机故障的理解及应急操作不正确,乱用酒精或其他药物,以及过度疲劳等。

船舶原因包括：导航系统失效，桨损坏，舵机失灵等。环境原因包括：水流、波浪、冰、风暴、雾等。事故统计结果表明：人为因素占64%，船舶因素占21%，极端恶劣的环境因素占15%，恶劣的环境因素主要指风和强横流。

戴彤宇等[19,20]统计了长江干线1959—2002年40多年来发生的172起十余座桥梁的船舶碰撞桥梁事故的资料，结果表明：船队撞桥事故远多于单船，船队导致的船撞桥事故占总数的86%；在这172起事故中，撞桥墩和桥墩防撞装置的有147起，占比高达85%，撞桥梁上部结构的有8起，占比为5%，主要从环境方面对事故发生的主要原因进行了分析：

（1）水流对船舶碰撞桥梁事故有显著影响，洪水期发生的船撞事故频率是平均值的3倍。

（2）船舶碰撞桥梁事故与桥梁净空宽度的相关性比较大，约有75%以上的被撞桥梁的通航净空宽度在150 m以内。

（3）能见度不良所带来的影响很大，能见度不良情况下发生的船舶撞桥事故数量约是良好能见度情况下的8倍。

2.2.3 易发事故桥梁的特征

根据对事故数据库中事故数据的分析，不同桥梁发生被船撞的事故频率是不同的。武汉长江大桥建桥至今大约发生了70起船舶撞击桥梁事故，其中3次是超高船舶碰撞桥梁上部，其余67次均为撞桥墩，较严重的有16次，事故率为1.66次/年。南京长江大桥建桥至今已大约发生了35起船舶撞击桥梁事故，事故率为0.8次/年，其中大部分是船撞桥墩事故。黄石长江公路大桥3年建设期内共发生碰撞桥墩事故20多起。图2-2是各桥发生船撞桥事故的情况对比图，黄石大桥的年均事故率最高，达到2.2次/年，白沙沱长江大桥是1.4次/年，武汉长江公铁大桥是1.2次/年[20]。发生事故桥梁的主要特征如下。

（1）黄石长江公路大桥

该桥于1995年12月建成通车，全长2 580.08 m，通航孔245 m[95]。黄石长江公路大桥选址在戴家洲分汊河段的下游，黄石弯道的上端。其桥梁轴线的法线方向与水流流向的夹角较大，最大可达18°，且流速最大可达3 m/s。洪水期，船舶下行进入桥区时受水流和弯道影响，航行于桥梁通航孔中心线较为困难。黄石长江公路大桥遥感图如图2-3所示。可以看出，从桥梁选址到弯道建

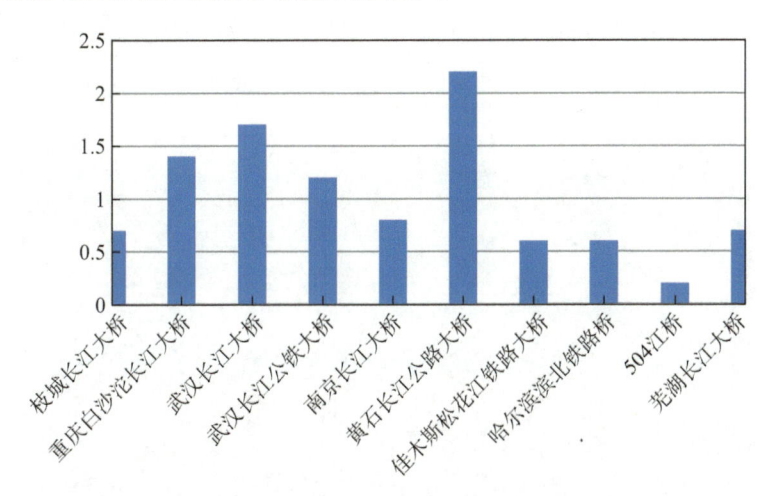

设,均容易导致桥梁建成后事故发生得较多。

图 2-2　各桥船撞桥年均事故率统计图(单位:次/年)

图 2-3　黄石长江公路大桥遥感图

(2) 武汉长江大桥[96,97]

该桥于 1957 年 10 月建成通车。武汉长江大桥全长 1 670.4 m,共有 8 个桥墩、9 个孔。通航孔跨度为 128 m,通航净宽为 110 m。该桥选址在汉江支流交汇口的上方,在桥梁建设之前,桥位上游左侧汉阳侧岸原来无明显的边滩,设计的通航孔为上行船舶走河边侧 4 号通航孔,下行船舶走河中 6 号通航孔。大桥建成后，汛后均出现汉阳边滩，枯水期边滩向河心扩展，甚至淤塞4号和5号桥孔，因此在枯水期船舶需改变通航孔。武汉长江大桥遥感图如图2-4所示，可以看出通航净空宽度小，并且桥区航道经常变化会导致船撞桥事故较多。

图 2-4　武汉长江大桥遥感图

(3) 白沙沱长江大桥[98]

白沙沱长江大桥于1959年12月建成通车，大桥全长820 m。大桥共有16孔，主跨为孔宽80 m的连续钢桁梁，通航净宽为74.8 m。该桥上游1 000 m处右侧有一石梁坝，中洪水期间，石梁坝将水流挑向左岸，该处的水流横流变大，流态紊乱，船舶航行时的航向就难以稳定在计划航线上。白沙沱长江大桥如图2-5所示，可以看出，选址条件较差，水流横流大，净空尺度小是造成船舶撞桥的重要原因。

(4) 南京长江大桥[99-102]

南京长江大桥位于南京市鼓楼区下关和浦口区桥北之间，该桥于1960年1月18日正式动工，于1957年19月通车，为长江上第一座由中国自行设计和建造的铁路、公路两用桥梁，桥梁通航孔跨度为160 m，通航净宽为144 m，通航净高为24 m，江中共有9墩10孔。南京长江大桥遥感图如图2-6所示，过往船舶通航尺度大、桥梁净宽尺度小是造成船舶撞桥事故的重要原因。

图 2-5 白沙沱长江大桥

图 2-6 南京长江大桥遥感图

(5) 荆州长江大桥[103,104]

荆州长江大桥位于三八滩汊道上段,于 1998 年 5 月开工,于 2002 年 1 月建成通车,该桥通航净高 18 m,净宽 488 m。该桥位于河道弯道处,并且该河段长期以来一直保持两汊并存的格局,滩槽多次移位,航道位置的变化也相应较大。荆州长江大桥遥感图如图 2-7 所示,可以看出,桥区航道不稳定,并且建于河段弯道处会导致船撞桥事故较多。

图 2-7　荆州长江大桥遥感图

上述几座桥梁的建造年代比较早,通航净宽较小(除荆州长江大桥外),分别为:黄石长江公路大桥 165 m(上水)、210 m(下水);武汉长江大桥 110 m;白沙沱长江大桥 74.8 m;南京长江大桥 144 m。同时还存在桥梁选址在弯道水域、桥区航道直线段长度短、桥梁轴线的法线方向与水流流向的夹角大、桥区航道变化等影响因素。

2.3　风险因素分析

国内外关于航行安全风险识别的研究有很多,总的看来,船舶交通系统是一个"人—船—环境"系统(如图 2-8 所示),需要运用系统科学理论和系统工程方法,正确处理人、船与环境的关系。因此船舶航行过桥系统也基于人、船、环境,需要从桥梁因素、环境因素、船舶因素和人的因素这四个风险因素角度进行分析研究。

图 2-8 "人—船—环境"系统

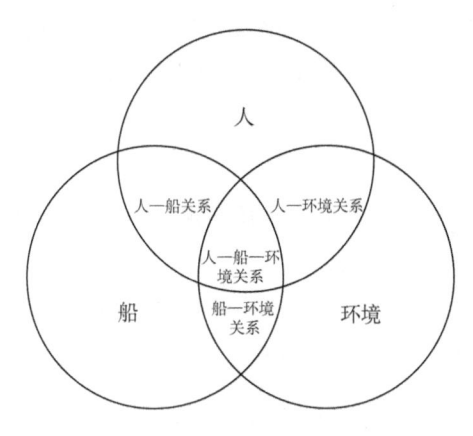

2.3.1 桥梁因素

如前文所述,桥区航道的桥墩及桥梁上部结构导致净空宽度和净空高度较小,引发紧迫局面或者事故。桥梁因素主要包含三个方面:桥梁选址、通航净高和通航净宽。

(1) 桥梁选址

桥梁选址是一个综合性的问题,需要考虑的因素有防洪安全、地质条件、城市规划、陆路连接以及通航是否顺畅等。从船舶航行安全的角度来说,一般桥梁的选址要求为河床稳定、航道平顺、水流条件良好及航道水深充裕[105-107]。

对已建桥梁的选址进行分析,发现桥址处在汇流口、汊道、弯道及不稳定河床处的情况确实存在,如黄石长江公路大桥、荆州长江大桥、白沙沱长江大桥、武汉长江大桥等因桥址选择不当加大了航道维护的难度,导致船舶事故的发生,给船舶航行和桥梁安全带来了威胁。

(2) 桥梁通航净空宽度

桥梁通航净空宽度是指桥梁通航孔内净空范围内垂直于航道轴线方向上可供船舶安全航行的有效宽度,不包括由建筑物墩柱引起的紊乱水流对船舶安全航行产生影响的宽度。桥梁净空宽度与航道布置、桥墩引起的紊流宽度以及桥跨布置有关。

一般来说,桥梁分为公路桥、铁路桥及公铁两用桥,由于要求不同,所以现有桥梁建设技术所能达到的桥梁跨度也不同。通常公路桥梁可以达到的跨度要远大于铁路桥梁和公铁两用桥梁所能达到的跨度。

铁路桥梁方面,早期的桥梁跨度较小,例如南京长江大桥的跨度为160 m,代表了我国20世纪50、60年代的最高水平;最新的常泰长江大桥跨度已达到1 208 m。公路桥梁方面,最新的武汉杨泗港长江大桥的跨度达到1 700 m,实现了一跨跨过长江的通航水域。

由于桥梁通航净宽小导致船舶撞击桥墩的事故不胜枚举,南京长江大桥的事故率达到了每年0.8次、重庆白沙沱长江大桥的事故率达到了每年1.4次。

(3) 桥梁通航净空高度

桥梁通航净空高度指在跨越航道的桥梁通航孔通航范围内从满足通航要求的桥梁最低点至设计最高通航水位间的垂直距离。通航净空高度与船舶的通航安全密切相关,很多都是由于不满足桥梁净空要求的船舶过桥,从而导致船撞桥事故的发生。通航净高是由《内河通航标准》、《长江干线通航标准》和《海轮航道通航标准》确定的。

戴彤宇[20]统计了长江干线172起船舶撞击桥梁事故,发现撞到桥梁上部结构的有8起,占总数的5%。

2.3.2 环境因素

环境条件是指船舶运动所在空间的条件,主要包括如下三个方面[108]。

2.3.2.1 航道条件

航道是具有一定深度、宽度、净空高度和弯曲半径且能供船舶安全航行的水域。航道的尺度决定了船舶航行的最大尺度。桥梁的设计寿命很长,多数在100年以上,若在建设桥梁前没有考虑好对通航的影响,桥梁建成后便会影响航道的升级与通过的最大船型,影响航行安全,因此在建设前必须要适应规划航道的尺度,即未来航道的发展。

(1) 航道规划变化与桥梁建设的不适应性分析

内河航运快速发展,内河航道的规划等级往往会随着经济社会的发展而发生变化。对航道规划等级的修改和调整会导致在不同时期建设的桥区航道净空尺度不一致。下面以广东省内河航道为例进行说明。

1998年,由当时的交通部、水利部、国家经济贸易委员会颁布的《关于内河系统以及交通管理规章和手段等。它是通过人工手段,为船舶安全航行而创造的各种硬件环境和软件环境。实际上,交通条件是在对船舶安全通航深入研究的过程中不断被提出并逐步获得提升的,在新的交通条件下又会出现新的交通问题,引导船舶通航领域相关人员进一步进行研究和解决[111,112]。

2.3.3 船舶因素

船舶因素包括船舶类型、船舶的一般运营特性、船舶操纵性能、船舶设备安全、船舶大型化等方面。

2.3.3.1 船舶类型

船舶的主要类型有集装箱船、散货船、液化天然气(Liquefied Natural Gas,LNG)船、杂货船、油船及工程船舶。

(1) 集装箱船

集装箱船没有内部甲板,机舱设在船尾,集装箱船的船体是一座庞大的仓库,现如今最大的可运输2万标箱的集装箱船可以达到400 m长。由于集装箱的制作材料是金属,而且是密封的,所以里面的货物不会受雨水或海水的侵蚀。集装箱船一般停靠在专用的集装箱码头,利用专门的大型吊车装卸,其效率可达每小时1 000至2 400吨,比普通杂货船高30至70倍。因此集装箱船为现代船运业普遍采用[113,114]。

集装箱船舶所设计的货舱开口通常非常大,所以集装箱船体的纵向、横向及抗扭的强度很重要。此外,由于集装箱船船体比较高,并在原有船高基础上装载了多层集装箱,导致集装箱船受风面积大、重心高,因此发生倾覆事故的概率比其他船型都大[115,116]。

(2) 散货船

散货船是专门用来运输不加包扎的散装货物的船舶,散装货物如矿砂、煤炭、木材、谷物、盐、水泥等,目前最大的40万吨级散货船可以达到360 m长。

通常,单壳体散货船两侧舷侧结构作为防止货舱进水的第一道防线,其结构是脆弱的,两侧的船壳钢板在遭遇碰撞搁浅受力和扭转剪切时容易发生破裂。船体结构、所载货种、受力变形和装载情况等特点使得散货船发生事故的概率比其他类型的船舶更大。大量的散货船事故分析结果表明,在恶劣的自然环境如大风浪天气下,发生碰撞搁浅事故,船体结构破损引起货舱进水,造成抗沉性及破舱稳性不足,是散货船舶发生沉没事故的主要原因[117-119]。

(3) LNG 船

LNG 船是在零下 163 摄氏度的低温下运输液化气的专用运输船舶。在 LNG 船舶的设计中,主要考虑的是适应低温介质的材料的获取,以及对易挥发及易燃物的处理。目前,最大的 LNG 船有 26.6 万立方米,船舶长度达 345 m。世界上大型 LNG 船的储罐系统有自撑式和薄膜式两种[120]。LNG 船舶货值高,建造工艺要求高,LNG 船投入商业运行近 50 年,安全行驶记录非常良好[121]。

(4) 杂货船

杂货船是装载一般包装、袋装、箱装和桶装货物的普通货物船,属于干货船的一种。杂货船具有吨位小机动灵活、可自带起货设备、舱口舱内空间大、建造营运成本低等优势,在运输船中占有较大的比重。杂货船一般都是双层甲板,万吨级杂货船货舱甲板的货舱口两旁一般装有起重吊货杆,有特殊要求的货船上设有巨大的 V 形起重吊杆,可起重几百吨,为了提高装卸效率,有些货船上还装有回转式的起货吊车[122]。

普通杂货船全损事故数占各类船舶全损事故总数的 40% 左右,除了老旧杂货船不满足破损稳性要求外,沉没、碰撞、火灾及搁浅是导致普通杂货船发生事故的主要原因[123]。

(5) 油船

油船是用来运输原油、成品油等石油液体货物的船种,目前最大的油船长度可达 380 m。

由于油轮受自身重量及货油晃荡对舱壁产生冲击等载荷的作用,以及油类对结构的腐蚀等作用,因此要求其结构必须坚固,并储备足够的疲劳抵抗载荷作用。现代油轮多是双船壳型,全部布置专用压载水舱。对于油船来说,其发生船舶事故带来的损失远高于普通散货船和集装箱船,对海洋污染所需承担的索赔可能远高于油船本身的价值[124]。油船通航安全问题需要得到更多的重视。

(6) 工程船舶

工程船舶是指在航道、港口等水域从事工程施工作业的船舶。按功能分为起重船、运砂船、挖泥船、插板船、打桩船、混凝土搅拌船、水上平台、拖轮以及其他附属作业的船舶等。从通航安全角度按照施工作业的性质分为流动性船舶作业和相对固定船舶作业[125]。相对固定作业的船舶施工时，一般会进行抛锚固定作业，有时甚至会在船舶四周下四个锚进行作业，若相对固定作业船舶占用水域过大，会造成船舶可航水域减小，这对桥区受限制的水域来说会产生巨大的安全隐患。流动性作业船舶航行时可能采用傍拖或吊拖的方式，其操纵性受限，也容易在桥区水域产生通航安全事故。

2.3.3.2 船舶的操纵性能

船舶操纵是一项占有水域大，需要驾驶员具有强预见性的活动。船舶操纵性能包括船舶旋回性、船舶航向稳定性、船舶保向性、船舶启动性能以及船舶停船性能[126]。

（1）船舶旋回性

以一定航速直航的船舶操一定舵角后，维持舵角不动，其重心所描绘的轨迹叫作旋回圈。典型旋回试验如图 2-9 所示，旋回圈越大，代表船舶操纵性能越差，旋回圈越小，代表船舶操纵性能越好，表征船舶旋回特性的主要要素有旋回直径、进距、横距、旋回初径、滞距和反移量等。根据船舶操纵试验及实践经验，船舶旋回直径大约为三至八倍船长，进距大约为二至七倍船长，横距大约为二至三倍船长。

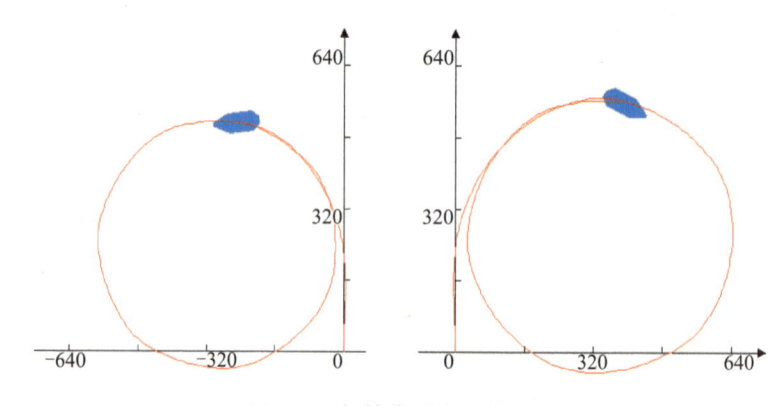

图 2-9 船舶典型旋回试验图

（2）船舶航向稳定性

船舶航向稳定性指船舶正舵直航时，船舶克服风、流等外界环境力作用后的转首的能力。一艘航向稳定性较好的船舶，直航中即使很少操舵也能较好地保向,而当操纵舵角改变时,又能较快地应舵进行转向,在转向过程中回正舵,又能很快地把航向稳定下来。因此,航向稳定性好的船舶的特点是对舵的响应运动来得快、耗时短,舵效好。

(3) 船舶保向性

船舶保向性指船舶在外力,如风、流等的作用下,由操纵人员通过助航仪器识别船首摇摆情况,通过操纵船舶舵角纠正转首摆动并使船舶航行于预定航向上。

影响船舶保向性的主要因素有:船型、载态、舵角、船速等。方形系数较低、瘦削型船舶的保向性较好,船体侧面积在尾部分布较多者的保向性较好,轻载较之满载保向性好,增大所操的舵角,能明显改善船舶的保向性,船速越高保向性越好。

(4) 船舶启动性能

船舶启动性能指船舶在静止状态中进车,逐渐增加速度使船舶达到与船舶主机功率相对应的稳定航速所需要的时间和前进的距离。根据相关资料,装满货物的普通船舶从静止状态逐级进车,达到定常速度,约需二十倍船长的距离,船舶轻载时约需满载时的二分之一到三分之二距离。

(5) 船舶停船性能

船舶停船性能是指船舶从全速前进停车至船舶对水停止运动所滑行的时间和距离。船速越低,阻力越小,当船速降到较低阶段时,船舶停车降速所需要时间更长。船舶在常速航行中停车,普通货船的停车冲程约为八至二十倍的船长。

2.3.3.3 车、舵、锚及拖轮在操船中的运用

(1) 螺旋桨的作用

把主机发出的功率转换成推动船舶前进的功率的装置统称为推进器,目前机动船上普遍使用的推进器为螺旋桨,主机通过尾轴带动螺旋桨转动,产生推力,推进船舶前进,同时由于螺旋桨的结构、船尾结构等方面的因素,螺旋桨转动时还将产生横向力,使船舶产生偏转。

(2) 舵的作用

舵是一种重要的船舶操纵设备,是船舶控制方向的主要手段。在操纵船舶的过程中,船舶驾引人员用舵进行的操纵主要包括用小舵角使船舶保持其航

向、用中舵角改变其航向和用大舵角进行旋回。在航行过程中,操舵的三种常用基本方法有:按航向操舵、按舵角操舵和按导标操舵。

①按航向操舵

船舶需要改变航向时,值班驾驶员直接下达新航向的舵令,舵工复诵并比较新老航向,按照自己的经验,根据当时的海况、本船的旋回性能和转向角的大小等情况决定所需舵角。操舵后根据船舶回转角速度和自身的惯性,按经验回舵并可根据实际情况向反方向压舵角,控制船舶能够较快地稳定航行在所需的新航向上。船舶在宽阔水域及大多数的狭水道航行时,采用按航向操舵的方法使船舶保持在所需的航向上。

②按舵角操舵

值班驾驶员直接下达舵角舵令,舵工在听到舵令后复诵并把舵轮转到所命令的舵角,当舵叶到达所要求的角度时,应及时停止并报告。船舶在进出港口、靠离泊及采取紧急避让措施时常采用按舵角操舵的方法。

③按导标操舵

值班驾驶员指定相应的导标,舵工听到指令后操舵使船首对准该导标,记下航向,报告给值班驾驶员。若发现偏离,纠正航向并注意检查航向的变化情况,若发生变化,舵工需提醒值班驾驶员判断风流压的影响并采取进一步的行动。在近岸和狭水道航行时,明显的固定标志体较多,也可利用这些物体作为标志进行操舵。

(3) 锚的作用

船锚的作用是固定和稳定船舶,其用途大致可以分为船舶操纵用锚、锚泊用锚和应急操纵用锚三类[127]。

①船舶操纵用锚

港内用锚主要包含:拖锚制动(港内航行,可以抛下单锚,必要时抛下双锚,使用短链拖锚以控制船速)、拖锚靠泊(拖锚靠泊过程中,既可紧急刹减船速,也可降低船舶向码头靠拢的速度)、拖锚掉头(如遇顺流,可选择抛锚掉头靠泊)、拖锚倒行(船舶在后退过程中要想稳定船首是十分困难的,这时可将锚抛下利用拖锚来稳定船首)、抛开锚(靠泊时为离泊创造条件,先抛开锚)等。

②锚泊用锚

用锚设备勾河床的底部使船舶安全地停泊在水面上,称作锚泊。

③应急操纵用锚

船舶在大风浪中因主机故障而漂滞时,将锚机锚链送入水中,可以起到一定的稳固船首的作用,避免船舶横向受浪;或者船舶搁浅后,为了防止船体因风浪作用而向岸漂移或打横,可用锚来固定船舶,当船舶需要脱浅时,也可利用绞锚操作产生的拉力协助船体脱浅。

（4）拖轮的运用

当船舶自力操纵发生困难时,需要拖轮协助,尤其是大型船舶在低速航行时,其自力操纵能力严重受限,不论是保向、改向和制动操纵,还是靠/离泊中的横移、就地掉头等均需拖轮协助,同时在内河船舶中为了发挥驳船的运输性能,也需要由大功率拖轮组成船队,以提高运输效率。使用拖轮的方式大致分顶推、吊拖、傍拖及组合拖曳这四种。不同的拖带方式对桥区通航环境的影响不同,顶推影响最小,傍拖次之,吊拖影响最大。

2.3.3.4　船舶设备

许多海事的发生都在不同程度上与船舶条件有关。船舶交通事故统计资料表明:舵机、主机失灵是船舶失控并导致碰撞的重要原因;船体破损,导航设备故障,舵机、主机故障是导致搁浅、触礁事故发生的主要原因[128]。

2.3.3.5　船舶桥区水域航行的要点

船舶在桥区水域航行时,操纵难度主要体现在船舶下行过桥的过程中,因为船舶下行速度快,在水流尤其是横流作用下,不易控制船位[129]。下行过桥时应充分了解相关的情况,并掌握基本操作方法。

（1）过桥前必须掌握的情况

①桥区航道的情况;

②航标的情况;

③桥区水域流速、流向、风力及风向的情况;

④其他需要掌握的情况。

（2）下行过桥的基本方法

①挂高船位,减小与流向的夹角

一般大桥轴线的水平垂线与流向均有一定的夹角。当船舶首尾线与水流方向一致时,下行航速会增大;当两者之间有夹角时,水流将使船位偏移。这种偏移与水位、流速、流舷角、船舶浸水面积、流压中心与重心的相对位置、船舶的航速等有关。因此,应尽量减小船首尾线与流向的夹角,挂高船位,将航路选择在水势高的一侧。

②掌握船位,发现异常及时纠正

在过桥过程中,必须密切注意各物标、灯光相对位置的变化,结合航向和横距确定船位。一旦发现异常,应迅速判断船位偏移方向,及时纠正。

(3) 风天过桥时的注意事项

在风力作用下,船舶向下风方向偏转漂移,漂移速度与风速、风舷角、航速、流速、流向、受风面积有关。

①驾驶人员过桥前要接收气象风力信息,风力超过规定的标准时,应选择锚地避风。

②过桥时,紧沿桥区航道上风一侧,对于挂上风的程度,视风力大小、流向大小及方向、船舶操纵性能、负载大小而定。

③发现船位漂移,应立即纠正,多向上风一侧调向。

2.3.3.6 船舶大型化对通航安全的影响

近年来,船舶大型化趋势明显,以长江中游段为例,2007—2014 年间长江干线武汉至安庆段的船舶总艘次虽然变化不大,但大型船舶所占份额明显增长。船长超过 90 m 的船舶占所有船舶的比例已从 2007 年的 4% 上升到 2014 年的 17%;船长在 60 m 至 90 m 之间的船舶所占比例最大,2014 年超过 62%,详见表 2-4。

船舶大型化带来的影响:一是已建桥梁对船舶的适应性程度更差,二是若船舶发生事故,事故的影响会更大,损失会更大。

表 2-4 长江干线武汉至安庆段船舶总长分尺度比例表　　　单位:%

时间	观测断面名称	<30 m	30～50 m	50～90 m	90～180 m	>180 m
2007 年	武汉长江大桥	8	47	41	4	0
	武汉阳逻长江大桥	7	33	57	3	0
	黄石长江公路大桥	5	41	39	13	3
	九江长江大桥	1	25	64	10	0
	九江湖口	0	51	49	0	0
	安庆长江大桥	1	42	55	1	0
	合计	3	39	54	4	0

航道技术等级的批复》以及广东省人民政府《关于同意全省五至七级航道定级方案的批复》对广东省内河航道的技术等级进行了评定。

2004年,广东省人民政府发布《关于印发广东省内河航运发展规划的通知》,交通部办公厅发布《关于印发珠江三角洲高等级航道网规划(要点)的函》,对广东省部分高等级航道的等级进行了修改和调整,主要是加密和延伸,将珠江三角洲航道网由原来的"三纵三横"调整为"三纵三横三线"。

2005年,启动开展修编《广东省内河航运发展规划》,于2009年完成了新的《广东省内河航运发展规划》,进一步延伸了高等级航道网,调整了部分航道的规划等级,主要是将北江和东江干流调整为三级,将韩江干流调整为四级。主要航道等级的调整使得部分跨河桥梁不能完全满足规划航道的通航要求。

(2) 通航标准的修订和调整导致在不同时期建设的桥区航道净空尺度不一致

现行的内河通航标准为2014年的《内河通航标准》(GB 50139—2014),原标准为1991年的《内河通航标准》(GBJ 139—90)和2004年的《内河通航标准》(GB 50139—2004),其中,四级和五级航道的技术尺度有较大调整。由于通航标准的变化,原有的一些航道的建设尺度达不到新标准的要求,造成一些桥梁的通航标准不达标。

由于航道技术标准的调整,建设桥梁的净空尺度也发生了变化,导致当时建的符合通航标准的船舶不适应现行通航标准。

2.3.2.2 自然条件

自然条件主要指航行水域的气象、水文等[109,110]。

气象条件是指能见度、大风等条件。能见度不良对交通安全影响较大,能见度不良情况下发生的船舶撞桥事故数量约是能见度良好情况下的8倍。在大风或台风天气下,船舶交通安全也会受到不利影响。

水文条件指水流、水深、冰冻等对船舶交通有影响的各种因素。水流速度大尤其是横流很大时,发生船舶撞桥事故的可能性也大。水深较浅可能会发生浅水效应造成船舶速度下降,船舶舵力减小,旋回性变差,操纵性变差。冰冻严重会增加船舶阻力,使船舶操纵性变差,影响通航安全。

2.3.2.3 交通条件

交通条件是指桥区水域中的助航标志和设施、船舶交通流量和密度、VTS

续表

时间	观测断面名称	<30 m	30~50 m	50~90 m	90~180 m	>180 m
2010年	武汉长江大桥	2	13	62	23	1
	武汉阳逻长江大桥	10	41	48	1	0
	黄石长江公路大桥	1	13	82	4	0
	九江长江大桥	0	40	57	2	0
	九江湖口	4	21	72	3	0
	安庆长江大桥	4	30	58	7	0
	合计	4	23	65	9	0
2014年	武汉长江大桥	1	12	62	25	0
	武汉阳逻长江大桥	0	14	63	23	0
	黄石长江公路大桥	3	22	54	21	0
	九江长江大桥	0	28	60	12	0
	九江湖口	1	19	62	18	0
	安庆长江大桥	2	26	61	12	0
	合计	2	20	62	17	0

2.3.4 人为因素

美国海岸警卫队PTP(Prevent Through People)项目的质量行动组(Quality Action Team)通过对船舶通航事故分析得出结论:80%以上的船舶通航事故是由人为因素引起的,设备的故障和不良设计带来的影响相对较小。人为因素主要体现在五大方面:(1)管理因素,包括立法和标准的缺陷、交流的不充分、合作的缺乏;(2)驾驶员状况因素,航行过程中驾驶员的不注意、粗心和疲劳等;(3)工作环境因素;(4)知识因素,船舶操作知识不充分;(5)决策因素,信息不足及判断错误。[130-132]

(1) 船舶操纵人员

船舶通过桥区水域的操纵需由船员实现。在现代商船上,负责驾驶船舶和客货运输的甲板部以及负责船舶动力和机电设备的轮机部是船上最重要的两个部门,航行中的操纵决策主要由甲板部负责。在船舶航行过桥的过程中,操纵人员的驾驶分为三个阶段:航行戒备和准备、避碰决策,以及操纵行动。需要指出的是,航行过程中一直都伴随着航行信息的收集、决策、行动,而且是周而复始的过程,这三个阶段的界限是比较模糊的。

(2) 航运公司管理

根据《中华人民共和国航运公司安全与防污染管理规定》,航运公司需要为船舶配备适任船员并满足最低安全配员的要求。航运公司应当建立、健全安全管理制度,完善船舶安全条件,保障船舶安全。航运公司在船舶航行过程中应当确保向航行船舶提供足够的资源和岸基支持,对船舶的航行安全进行监控,并保持船岸之间的有效联系。

2.4 本章小结

本章收集了我国主要通航河流桥梁的情况,给出了长江、西江干线水域桥梁的通航净宽、通航净高主要参数。针对桥区水域的船撞桥事故,分析了事故发生的原因和易发事故桥梁的特征。造成事故发生的主因有人为失误原因、船舶技术原因和环境原因。易发事故桥梁的特征为:桥梁选址在弯道、滩险及水流条件恶劣的位置,通航净空尺度偏小。分析出航道的规划变化、通航标准变化及船舶大型化等原因导致桥梁净空尺度与航道不匹配,以及船舶的操纵特性造成船舶航行靠泊等时占用水域大。自然条件对船舶航行的影响大,再加上人为因素的原因造成了通航风险和船撞桥事故的发生。桥区水域的风险要素可分为桥梁因素、环境因素、船舶因素和人为因素。

第3章
基于船舶操纵模拟的船撞桥人为因素研究

根据第二章给出的分析,桥梁因素、环境因素、船舶因素及人为因素是导致船桥事故发生的四个主要原因,其中人为因素是造成船撞桥事故的最主要原因,因为船撞桥会带来巨大损失,所以一般不会进行实船试验。美国 AASHTO[33]模型基于船舶或船队的偏航概率、碰撞的几何概率、船舶年通过桥区水域的数量提出了碰撞概率计算方法,并且对倒塌概率计算也提出了相应方法,该模型因实用性强、方法完善、相对简单而成为一种常用的研究方法,但是该方法缺乏考虑风、流及驾驶员因素在碰撞过程中的影响。欧洲规范[34]提出了基于失效路径的积分算法,用于计算船桥碰撞的概率,但该方法是理论上的表述,应用于实际工程时计算困难。德国的 Kunz[35]建立了包含停船距离和偏航角两个变量在内的船桥碰撞概率计算模型,但该模型对自然条件参数影响的分析不够全面,未考虑船舶的横向分布,且对有关参数的确定不够严谨。从前人研究中可以看出,原始 AASHTO 模型是常用的模型,但其未考虑风向、风级及水流等因素作用下的船舶操纵及应急停船在撞桥过程中的影响。为了合理地考虑环境因素和人为因素的影响,本章将在原始 AASHTO 模型的基础上,基于船舶操纵数学模型和船舶操纵仿真,考虑在不同风向、风级及水流等环境因素下船长和一般驾驶员等不同水平人员的船舶操纵,修正了原始 AASHTO 模型几何概率的计算方法,并引入停船概率模型,最后将修正后的模型应用于南京长江大桥的船撞桥概率研究。

3.1 船撞桥概率研究

3.1.1 AASHTO 模型简介

原始 AASHTO 模型的船撞桥概率模型为[33]:

$$P = N \times P_A \times P_G \tag{3-1}$$

式中:P 为船舶碰撞桥梁的概率;N 为年通过桥区水域的船舶数量;P_A 为船舶航行的偏航概率;P_G 为船舶碰撞桥梁的几何概率。

根据原始 AASHTO 模型,偏航概率 P_A 指船舶或者船队通过桥区水域时由于某些原因偏离正常航行路线的概率,可取为:

$$P_A = B_R \times R_B \times R_C \times R_{XC} \times R_D \qquad (3-2)$$

式中：B_R 为偏航基率；R_B 为桥位修正的系数；R_C 为平行于航中线纵向流速的修正系数；R_{XC} 为垂直于航中线横向流速的修正系数；R_D 为船舶的交通流密度修正系数。

根据原始 AASHTO 模型，几何概率 P_G 是指船舶在靠近桥梁处船位的概率，计算几何概率采用的航迹带分布为正态分布，如图 3-1 所示。

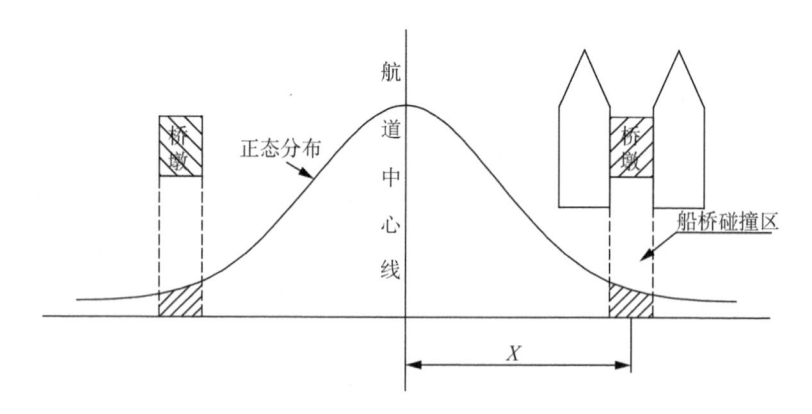

图 3-1 几何概率模型示意图

原始 AASHTO 模型在确定概率时给出了船舶碰撞桥梁的回归参数，该模型因方法完善、相对简单及实用性较强而成为一种常用的研究方法。但是出于事故样本数量的限制，回归参数的适用性受到一定的影响，航迹带分布规律也给得偏于理想化，未考虑人为因素及自然环境因素所带来的影响。此外，船舶在航行中若驶入危险区域有碰撞危险时，驾驶员会采取一些应急措施如减速停船、调整航向等来避免船舶碰撞桥梁，即船舶从 A 区进入 B 区后，并不一定就会撞上桥墩，如图 3-2 所示。因此，关于改进 AASHTO 模型使其能更充分地反映可能发生的概率有待进一步探索。

3.1.2 AASHTO 模型的改进

针对 AASHTO 模型的不足之处，我们开展如下两方面的改进工作。

(1) 对几何概率计算方法的改进

原始 AASHTO 模型在计算几何概率 P_G 时，船舶航迹是以航道的中心线

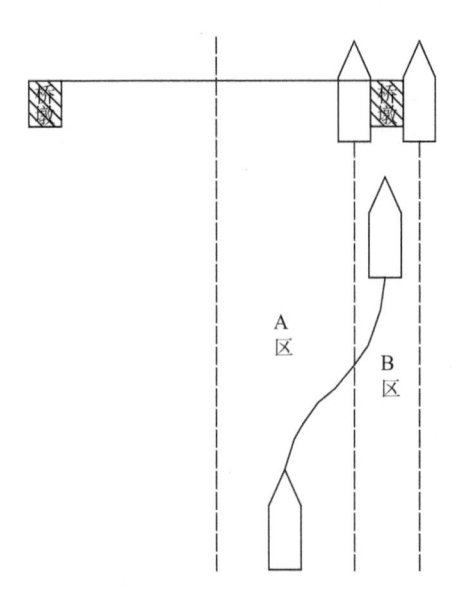

图 3-2 AASHTO 模型计算示意图

为正态分布的中心位置,以一倍的船舶长度为均方差的理想化分布曲线,图 3-3 和图 3-4(图中阴影部分为桥墩船撞区域)分别给出了 AASHTO 模型在计算几何概率时所用的航迹带分布和实际可能的航迹带分布,可以看出,在人为因素及横风、横流等自然条件的影响下,船舶航迹带正态分布的中心并不位于航道中心线上,几何概率分布模型和实际的相差较大,因此原始 AASHTO 模型

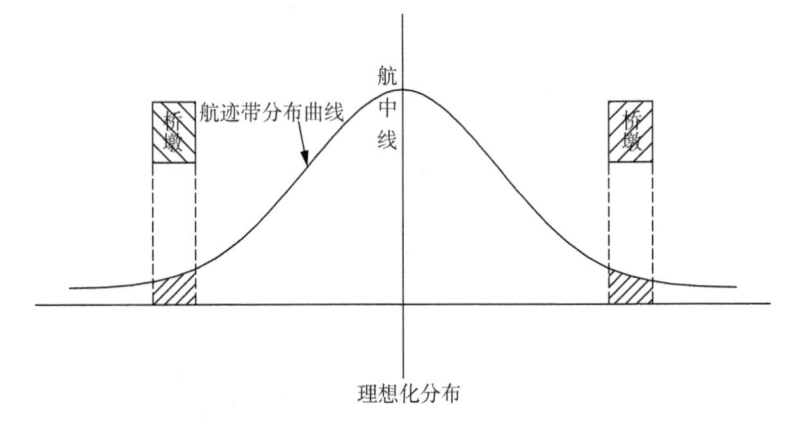

图 3-3 原始 AASHTO 模型中的航迹带分布示意图

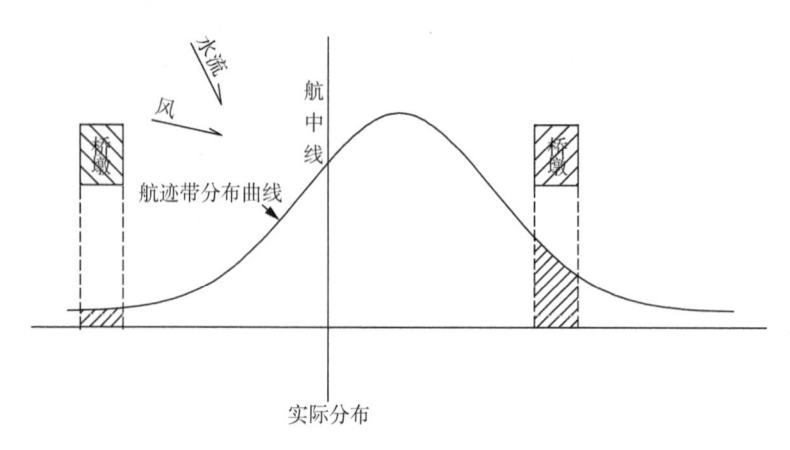

图 3-4 受风、流等影响的实际可能的航迹带分布示意图

忽略了风、流及人为因素等的影响。本文通过建立船舶操纵数学模型,并通过仿真系统,综合考虑风、流等环境条件及人为操船所带来的影响,得到船舶航迹带分布,以更真实地反映船舶碰撞桥墩的概率。

(2) 停船概率模型的引入

当船舶在桥区水域发生偏航进入图 3-2 中的 B 区后,若船舶可以在碰到桥墩之前停住则也不会发生船舶碰撞桥梁的事故,若船舶不能停下则会发生发生船舶碰撞桥梁事故。参照 Kunz[35] 的做法,引入停船概率函数 F_S,其表达式为:

$$P_S = 1 - F_S \tag{3-3}$$

$$F_S = \int_0^D f(s)\mathrm{d}s \tag{3-4}$$

$$f(s) = \frac{1}{\sqrt{2\pi}\sigma_s} e^{-\frac{(s-\mu_s)^2}{2\sigma_s^2}} \tag{3-5}$$

式中:P_S 为未能停船的概率;F_S 为停船概率;$f(s)$ 为停船距离的分布函数。Kunz[35] 同时建议大型船舶的停船距离均值为 550 m,均方差约 60 m,并根据航海专家的意见确定不同尺寸船舶的停船距离和均方差。

综上,本书改进的 AASHTO 模型中船舶碰撞桥梁的概率计算公式可表示如下:

$$P = N \times P_A \times P_G \times P_S \tag{3-6}$$

3.2 船舶操纵运动数学模型的建立

主流的船舶操纵运动数学模型主要有以日本为代表的 MMG 分离型数学模型和以 Abkouwitz 为代表的整体性模型两类。日本的 MMG 模型在计算螺旋桨、舵的作用力和船体上的流体动力方面积累了不少经验及理论公式,在我国国内也得到了比较广泛的应用。本文采用 MMG 分离型数学模型方法建立船舶操纵运动的数学模型。

3.2.1 船舶操纵运动方程

3.2.1.1 坐标系统

为了描述船舶的运动,建立如图 3-5 所示的两个坐标系,惯性坐标系与附体坐标系。$O_0x_0y_0$ 是惯性坐标系,该坐标系固定于地球表面,规定 x_0 轴指向正北,y_0 轴指向正东;Oxy 是附体坐标系,Ox 轴取为船纵轴,以指向船首为正;Oy 轴与纵剖面垂直,以指向右弦为正;ψ 为船舶的首向角。

船舶的运动可视为由两种运动组成:一种为随参考点的平动,另一种则为绕参考点的转动。以 u 代表 O 点在 x 方向上的绝对速度,以 v 代表 O 点在 y 方向上的绝对速度,以 r 为垂直水平面的绕 O 点的角速度,称作首摇角速度。

船舶的运动用位置变化和船舶姿态变化进行描述,位置是指附体坐标系统原点 O 的两个空间坐标 x_0 和 y_0,其时间变化率是 O 点在两个惯性坐标系上的速度分量,以 U 和 V 表示,即 $\dot{x}_0 = U$ 和 $\dot{y}_0 = V$。船舶的姿态是指船舶在平面上的角度,即船舶首向角 ψ。

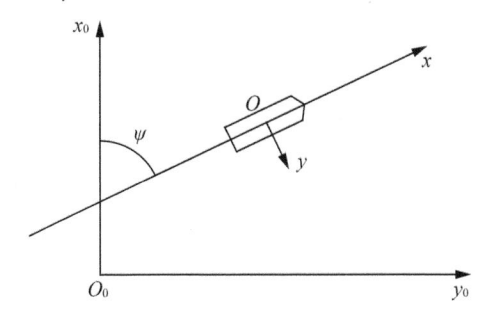

图 3-5 船舶运动坐标系图

附体坐标系统和固定坐标系运动学参数的关系为：

$$\begin{cases} \dot{x}_0 = u\cos\psi - v\sin\psi \\ \dot{y}_0 = u\sin\psi + v\cos\psi \\ \dot{\psi} = r \end{cases} \quad (3-7)$$

附体坐标系和固定坐标系动力学参数的关系为：

$$\begin{cases} x_0 = x\cos\psi - y\sin\psi \\ y_0 = x\sin\psi + y\cos\psi \\ n_0 = n \end{cases} \quad (3-8)$$

由上式可见，首摇角速度 r 为首向角 ψ 的时间导数[133]。

3.2.1.2 运动方程式的建立

运动方程式的建立假定有如下条件：首先，该模型研究的是常规线型船舶的操纵运动，不考虑肥大线型的船舶所产生的异常现象；其次，船舶需要有相当的前进速度，船体的升力占支配地位；再次，附体坐标系的原点取在船舶的重心或者是船舶的中心；最后，取船舶的纵向速度 u、横向速度 v、转首角速度 r、舵角 δ、主机转速 n 为数学模型的主要变量[134]。

将附体坐标系的原点设在船舶的重心，固定坐标系中的相对船舶重心 G 用牛顿定律和动量矩定律描述：

$$\begin{cases} m\ddot{x}_0 = X_0 \\ m\ddot{y}_0 = Y_0 \\ I_z\ddot{\psi} = Z_0 \end{cases} \quad (3-9)$$

式中：m 为船舶质量；I_z 为船体对 z 轴的转动惯量。

对式(3-7)求导可得：

$$\begin{cases} \ddot{x}_0 = \dot{u}\cos\psi - \dot{v}\sin\psi - (u\sin\psi + v\cos\psi)\dot{\psi} \\ \ddot{y}_0 = \dot{u}\sin\psi + \dot{v}\cos\psi + (u\cos\psi - v\sin\psi)\dot{\psi} \\ \ddot{\psi} = \dot{r} \end{cases} \quad (3-10)$$

将式(3-9)代入式(3-10)得：

$$\begin{cases} X_0 = (m\dot{u} - mv\dot{\psi})\cos\psi - (mu\dot{\psi} + m\dot{v})\sin\psi \\ Y_0 = (m\dot{u} - mv\dot{\psi})\sin\psi + (mu\dot{\psi} + m\dot{v})\cos\psi \\ N_0 = I_z\dot{r} \end{cases} \quad (3\text{-}11)$$

对照式(3-10)和式(3-8)的系数可得：

$$\begin{cases} m\dot{u} - mvr = X \\ m\dot{v} + mur = Y \\ I_z\dot{r} = N - Yx_c \end{cases} \quad (3\text{-}12)$$

式(3-12)中出现了 Yx_c，原因是船模试验时流体动力矩 N 是相对于船舶中心进行的，需要将 N 修正到相对于现有坐标系零点的力矩而做该项变动，x_c 是船舶中心在坐标系中的 x 轴坐标值。X、Y、N 包含了船体惯性力、水流动力、螺旋桨及舵等各种外力。把各种力写成分离形式，得到：

$$\begin{cases} X = X_I + X_H + X_P + X_R \\ Y = Y_I + Y_H + Y_P + Y_R \\ N = N_I + N_H + N_P + N_R \end{cases} \quad (3\text{-}13)$$

从而可得：

$$\begin{cases} m(\dot{u} - vr) = X_I + X_H + X_P + X_R \\ m(\dot{v} + ur) = Y_I + Y_H + Y_P + Y_R \\ I_z\dot{r} = N_I + N_H + N_P + N_R - Y_H x_c \end{cases} \quad (3\text{-}14)$$

考虑环境外力风及流的影响，得到新的方程为：

$$\begin{cases} m(\dot{u} - vr) = X_I + X_H + X_P + X_R + X_{WD} + X_c \\ m(\dot{v} + ur) = Y_I + Y_H + Y_P + Y_R + Y_{WD} + Y_c \\ I_z\dot{r} = N_I + N_H + N_P + N_R - Y_H x_c + N_{WD} + N_c \end{cases} \quad (3\text{-}15)$$

经过推导[134]，可以将惯性力 X_I、Y_I 和 N_I 作为附连质量和附连惯性矩的形式放到方程的左边，具体形式变为：

$$\begin{cases}(m+m_x)(\dot{u}-vr)=X_H+X_P+X_R+X_{WD}+X_c\\(m+m_y)(\dot{v}+ur)=Y_H+Y_P+Y_R+Y_{WD}+Y_c\\(I_z+J_z)\dot{r}=N_H+N_P+N_R-Y_Hx_c+N_{WD}+N_c\end{cases} \quad (3-16)$$

式中：m_x、m_y、J_z 为船舶的附连质量和惯性矩；下标 c 表示水流的作用力和力矩，下标 WD 表示风的作用力和力矩，下标 R 表示舵所产生的力和力矩，下标 P 表示螺旋桨所产生的力和力矩；X_H、Y_H、N_H 为不包括惯性力的船体水动力。

3.2.1.3 舵机方程

舵机特性常用下列模型进行表示：

$$T_E\dot{\delta}=\delta_E-\delta \quad (3-17)$$

式中：δ_E 为指令舵角；T_E 为舵机时间常数，一般取为 2.5s。$|\delta|\leqslant 35°$、$|\dot{\delta}|\leqslant 3°/s$（双舵舵机）、$|\dot{\delta}|\leqslant 1.5°/s$（单舵舵机）是舵机的限制条件。

3.2.2 水动力表达式

3.2.2.1 惯性类水动力导数的求算

由推导可知，惯性类水动力导数体现在附连质量和附连惯性矩的求解中。日本的元良诚三根据船舶物理模型试验总结了计算图谱[134]，周昭明[135]等对这些图谱进行了回归并得到如下回归公式：

$$m_x=\frac{m}{100}\left[0.398+11.97C_b\left(1+3.73\frac{d}{B}\right)-2.89C_B\left(1+3.73\frac{d}{B}\right)+0.175C_B\left(\frac{L}{B}\right)^2\left(1+0.541\frac{d}{B}\right)-0.107\frac{L}{B}\frac{d}{B}\right] \quad (3-18)$$

$$m_y=m\left[0.882-0.54C_B\left(1-1.6\frac{d}{B}\right)-0.156(1-0.673C_B)\frac{L}{B}+0.826\frac{L}{B}\frac{d}{B}\left(1-0.678\frac{d}{B}\right)-0.638\frac{L}{B}\frac{d}{B}\left(1-0.669\frac{d}{B}\right)\right] \quad (3-19)$$

$$J_z=m\left\{\frac{L}{100}\left[33-76.85C_B(1-0.874C_B)+3.43\frac{L}{B}(1-0.63C_B)\right]\right\}^2 \quad (3-20)$$

船舶本身的质量和惯性矩可按下式计算：

$$m = \rho \nabla \tag{3-21}$$

$$I_z = (1 + C_B^{4,5})m(L^2 + B^2)/24 \tag{3-22}$$

式中：L、ρ、∇、C_b 分别为船舶长度、水的密度、船舶的排水体积和船舶的方形系数。

3.2.2.2 黏性类水动力的计算模型

作用在船体上的水动力表达式为：

$$\begin{cases} X_H = X_{uu}u^2 + X_{vv}v^2 + X_{vr}vr + X_{rr}r^2 \\ Y_H = Y_v v + Y_r r + Y_{vv}v|v| + Y_{rr}r|r| + (Y_{vvr}v + Y_{vrr}r)vr \\ N_H = N_v v + N_r r + N_{vv}v|v| + N_{rr}r|r| + (N_{vvr}v + N_{vrr}r)vr \end{cases} \tag{3-23}$$

式中 $X_{uu}u^2$ 为船舶直线航行时的水阻力。

按照相似理论，将 X_H、Y_H、N_H 转化为无量纲的水动力导数。

$$\begin{cases} X'_H = X_H / \dfrac{1}{2}\rho L\,\mathrm{d}U^2 \\ Y'_H = Y_H / \dfrac{1}{2}\rho L\,\mathrm{d}U^2 \\ N'_H = N_H / \dfrac{1}{2}\rho L^2\,\mathrm{d}U^2 \end{cases} \tag{3-24}$$

把变量 v 和 r 换成漂角 β 和 r'，得到下式：

$$\begin{cases} X'_H = X'_{uu}u'^2 + X'_{vv}v'^2 + X'_{vr}v'r' + X'_{rr}r'^2 \\ Y'_H = Y'_\beta \beta + Y'_r r' + Y'_{\beta\beta}\beta|\beta| + Y'_{rr}r'|r'| + (Y'_{\beta\beta r}\beta + Y'_{\beta rr}r')\beta r' \\ N'_H = N'_\beta \beta + N'_r r' + N'_{\beta\beta}\beta|\beta| + N'_{rr}r'|r'| + (N'_{\beta\beta r}\beta + N'_{\beta rr}r')\beta r' \end{cases}$$

$$\tag{3-25}$$

式中：上标"'"表示无量纲量；$r' = rL/U$ 为无量纲角速度。

附连质量系数连同式(3-25)中的 X'_{uu}, …, $N'_{\beta r}$ 等均被称为水动力导数，下面将给出这些水动力导数的表达式。

3.2.2.3 黏性类水动力导数求算

(1) 深水中船舶直航阻力求算

深水中船舶直航阻力系数 X'_{uu} 可根据经验公式表示为以下形式：

$$R_t = (1+k)R_f + R_w + R_A \tag{3-26}$$

式中：R_t 表示船舶的直航阻力；$(1+k)$ 为船舶形状因子；R_f 表示船舶黏性阻力；R_w 表示船舶行波阻力；R_A 表示模型修正阻力，是船舶粗糙度引起的附加阻力。

R_f 采用 ITTC-1957 公式进行计算[136]：

$$R_f = \frac{1}{2}\rho U^2 \Omega C_f \tag{3-27}$$

式中：Ω 为船舶湿表面积；C_f 为摩擦阻力系数。分别表示为：

$$\Omega = LT\left[2 + 1.37(C_B - 0.274)\frac{B}{d}\right] \tag{3-28}$$

$$C_f = \frac{0.075}{(\lg R_n - 2)} \tag{3-29}$$

式中：$R_n = \dfrac{UL}{\upsilon}$，为雷诺数，其中 U 为船速，L 为船长，υ 为水的运动黏性系数。

船舶形状因子表示为[139]：

$$1 + k = 2.4806 C_B^{0.1526}\left(\frac{B}{d}\right)^{0.0533}\left(\frac{B}{L_{PP}}\right)^{0.3856} \tag{3-30}$$

式中：C_B 为船舶的方形系数；B 为船宽；d 为船舶的吃水；L_{PP} 为船舶两柱间长。

船舶的兴波阻力用以下形式表示：

$$R_w = C_1 \nabla \rho g \exp[m_1 F_n^h + m_2 \cos(\lambda F_n^{-2})] \tag{3-31}$$

式中：$F_n = \dfrac{U}{\sqrt{gL}}$，为 Froude 数；参数 h 为 0.9；λ 为

$$\begin{cases} \lambda = 1.446 C_P - 0.03 L/B, & L/B < 2 \\ \lambda = 1.446 C_P - 0.36, & L/B > 2 \end{cases} \tag{3-32}$$

$$C_1 = 2223105 C_7^{3.78613} (T/B)^{1.07961} (90 - i_E)^{-1.37565} \qquad (3-33)$$

式中：

$$\begin{cases} C_7 = 0.229\,577 (B/L)^{0.33333}, & B/L < 0.11 \\ C_7 = B/L, & 0.11 < B/L < 0.25 \\ C_7 = 0.5 - 0.062\,5 L/B, & B/L > 0.25 \end{cases} \qquad (3-34)$$

$$i_E = 1 + 89 \times \exp[-(L/B)^{0.80856} (1-C_{WP})^{0.30484}$$
$$(1-C_P - 0.022\,5 l_{cb})^{0.6367} (L_R/B)^{0.34574} (100\,\nabla/L^3)^{0.16302}] \qquad (3-35)$$

式中：l_{cb} 为浮心位置与 L 之比；C_{WP} 为水线面面积系数，可以用下式近似求出：

$$C_{WP} = (1 + 2C_B)/3 \qquad (3-36)$$

参数 L_R 的表达式为：

$$L_R/L = 1 - C_P + 0.06 C_P l_{cb}/(4C_P - 1) \qquad (3-37)$$

式(3-31)中的 m_1 和 m_2 分别表示为：

$$m_1 = 0.014\,0407 L/T - 1.75254\,\nabla^{1/3} L - 4.793\,23 B/L - C_{16} \qquad (3-38)$$

$$m_2 = C_{15} C_P^2 \exp(-0.1 F_n^{-2}) \qquad (3-39)$$

式中：

$$\begin{cases} C_{16} = 8.079\,81 C_P - 13.867\,3 C_P^2 + 6.984\,388 C_P^3, & C_P < 0.8 \\ C_{16} = 1.730\,14 - 0.706\,7 C_P, & C_P > 0.8 \end{cases} \qquad (3-40)$$

$$\begin{cases} C_{15} = -1.693\,85 \\ C_{15} = 0.0 \\ C_{15} = -1.693\,85 + (L/\nabla^{1/3} - 8.0)/2.36 \end{cases} \qquad (3-41)$$

粗糙度补贴阻力 R_A 为：

$$R_A = \frac{1}{2} \rho U^2 S C_A \qquad (3-42)$$

式中的阻力系数 C_A 为：

$$C_A = (0.105 k_S^{1/3} - 0.00557964)/L_{WL}^{1/3} \qquad (3\text{-}43)$$

式中：$k_s = 150~\mu\text{m}$，表示粗糙度。

(2) 其他速度导数的计算

对于船舶操纵运动数学模型纵向水动力的水动力导数,根据松本的船模试验有以下表达式[137]：

$$X'_{vv} = 0.4B/L - 0.006L/d \qquad (3\text{-}44)$$

$$X'_{rr} = 0.0003L/d \qquad (3\text{-}45)$$

对船舶的操纵运动进行数值模拟时,一般将 X_{vr} 和 m_y 合并在一起进行计算：

$$(X_{vr} + m_y)/m_y = c_m = 1.11 C_B - 0.07 \qquad (3\text{-}46)$$

船舶纵倾 τ 对 c_m 也有影响,贵岛给出的修正式如下：

$$c_m = c_m(0)(1 + 0.208\tau/d) \qquad (3\text{-}47)$$

式中：$c_m(0)$ 表示吃水差 $\tau = 0$ 时的值。

将上式无量纲化后有：

$$X'_{vr} + m'_y = (1.11 C_b - 0.07) m'_y \qquad (3\text{-}48)$$

其中,船舶质量、附连质量及惯性矩的无量纲表达式为：

$$m', m'_x, m'_y = m\Big/\frac{1}{2}\rho L^2 d, m_x\Big/\frac{1}{2}\rho L^2 d, m_y\Big/\frac{1}{2}\rho L^2 d \qquad (3\text{-}49)$$

$$I'_z, J'_z = I_z\Big/\frac{1}{2}\rho L^4 d, J_z\Big/\frac{1}{2}\rho L^4 d \qquad (3\text{-}50)$$

线性横向水动力导数和转首水动力导数模型采用井上系列船模试验资料得到的成果[137],非线性部分采用周昭明等[135]给出的回归表达式。

$$Y'_\beta = \left(\frac{1}{2}\pi k + 1.4 C_B \frac{B}{L}\right)\left(1 + \frac{2}{3}\frac{\tau}{d}\right) \qquad (3\text{-}51)$$

$$Y'_r = \frac{1}{4}\pi k \left(1 + 0.8\frac{\tau}{d}\right) \qquad (3\text{-}52)$$

$$N'_\beta = k\left(1 - \frac{0.27}{l_B}\frac{\tau}{d}\right) \tag{3-53}$$

$$N'_r = (-0.54k + k^2)\left(1 + 0.3\frac{\tau}{d}\right) \tag{3-54}$$

$$Y'_{\beta\beta} = -0.048\,265 + 6.293(1 - C_B)\frac{d}{B} \tag{3-55}$$

$$Y'_{\beta r} = 0.379\,1 - 1.28(1 - C_B)\frac{d}{B} \tag{3-56}$$

$$Y'_{rr} = 0.004\,5 - 0.445(1 - C_B)\frac{d}{B} \tag{3-57}$$

$$N'_{\beta\beta r} = -6.085\,6 + 137.473\,5\left(C_B\frac{B}{L}\right) - 1\,029.514\left(C_B\frac{B}{L}\right)^2 + \\ 2\,480.608\,2\left(C_B\frac{B}{L}\right)^3 \tag{3-58}$$

$$N'_{rr\beta} = 0.063\,5 - 0.044\,14\left(C_B\frac{d}{B}\right) \tag{3-59}$$

式中：$k = 2d/L$，d 为平均吃水；τ 为纵倾值，尾倾为正；l_B 为：

$$l_B = \frac{k}{\frac{\pi k}{2} + 1.4C_B\frac{B}{L}} \tag{3-60}$$

3.2.3 船舶螺旋桨及舵力的求算

船舶运动时由螺旋桨提供推力，由船舵提供转向力，船舶螺旋桨力和舵力的模拟是船舶操纵运动模型的重要组成部分。

3.2.3.1 螺旋桨力的求算

在船舶前进的情形下，螺旋桨的推力表达式为：

$$X_P = (1 - t_P)\rho n^2 D_P^4 K_t(J_P) \tag{3-61}$$

式中：D_P 为船舶螺旋桨的直径；n 为船舶螺旋桨的转速；t_P 为船舶螺旋桨的推力减额系数；K_t 为推力系数，该系数可由螺旋桨敞水特征曲线得出；J_P 为进

速系数,可表示为:

$$J_P = u(1-w_P)/(nD_P) \tag{3-62}$$

式中:u 为船舶纵向的前进速度;w_P 为螺旋桨位置处有效伴流系数,可表示为:

$$w_P = w_{P0}\exp(-4\beta_P^2) \tag{3-63}$$

式中:w_{P0} 是船舶直航时螺旋桨的伴流分数,可表示为:

$$w_{P0} = 0.5C_B - 0.05 \tag{3-64}$$

β_P 可表示为:

$$\beta_P = \beta - x'_P r', \quad x'_P = -0.5 \tag{3-65}$$

式中的 K_t 为推力系数,该系数是船舶螺旋桨的盘面比、螺距进速系数及桨叶数的函数。对于五叶螺旋桨和四叶螺旋桨,采用沈贻德和周连第[138]提出的多元回归表达式;对于三叶螺旋桨,采用李国定和古文贤[139]提出的回归表达式。

3.2.3.2 舵力的求算

(1) 舵力的表达式

由于舵位于船体和螺旋桨后侧的复杂流场中,所以舵力也很复杂。根据 MMG 模型,舵的法向力可表示为:

$$F_N = 0.5\rho A_R U_R^2 f_N \sin\alpha_R \tag{3-66}$$

式中:U_R 为舵处的有效来流速度;A_R 为舵的面积;α_R 为舵的有效冲角;f_N 为法向力系数,该法向力系数的表达式为:

$$f_N = \frac{6.13\lambda}{\lambda + 2.25} \tag{3-67}$$

式中:λ 为舵的展弦比。

舵产生的力和力矩为:

$$\begin{cases} X_R = -(1-t_R)F_N\sin\delta \\ Y_R = -(1+a_H)F_N\cos\delta \\ N_R = -(x_R + a_H x_H)F_N\cos\delta \end{cases} \tag{3-68}$$

式中：δ 为船舶舵角；a_H 为船舶操舵所引起的船体水动力的增额系数；t_R 为船舶舵力的减额系数；x_R 为船舶舵力作用的中心坐标位置；x_H 为船舶操舵引起船体增额水动力作用的中心坐标位置。

舵力计算需要确定 U_R、α_R，还有螺旋桨、船体与舵之间的耦合干扰系数 a_H、x_R 及 x_H。

（2）有效进流速度

舵处的有效进流速度可表示为[137]：

$$\begin{cases} U_R = U(1-w_R)\sqrt{1+C_1 g(s)} \\ g(s) = \eta ks[2-(2-K)s](1-s)^2 \\ s = 1-(1-w_P)U\cos\beta/nP \\ K = 0.6(1-w_P)/(1-w_R) \\ \eta = D_P/H_R \\ w_R = w_{R0}\exp(-4\beta_P^2) \end{cases} \quad (3-69)$$

式中：w_{R0} 为直航时舵处的伴流分数，取为 0.25；w_R 为船舶运动中舵处的伴流分数；$g(s)$ 为螺旋桨尾流加速效应的函数；D_P 为螺旋桨直径；s 为螺旋桨的脱滑比；k 为修正系数；H_R 为舵高；C_1 为考虑单桨单舵船转舵方向不同的修正系数，操右舵时取 0.935，操左舵时取 1.065。

（3）有效进流角 α_R

有效进流角 α_R 表示为：

$$\alpha_R = \delta - \gamma\beta_R, \quad \beta_R = \beta - 2x_R r/U \quad (3-70)$$

式中：δ 为舵角；γ 为整流系数；β_R 为漂角；x_R 为舵距船舯的距离；r 为转首角速度。

（4）干扰系数

舵力的减额系数 t_R 一般由试验确定，可近似为：

$$(1-t_R) = 0.28C_B + 0.55$$

或

$$t_R = 0.2618 + 0.0539C_B - 0.1755C_b^2 \quad (3-71)$$

船舶的水动力增额系数 a_H 与船型和螺旋桨的负荷有关,其与船舶方形系数的关系为:

$$a_H = 0.6784 - 1.3374C_B + 1.8991C_B^2 \tag{3-72}$$

考虑螺旋桨的负荷影响时,

$$a_H = \begin{cases} a_{H0}J_P/0.3, & J_P \leqslant 0.3 \\ a_{H0}, & J_P \geqslant 0.3 \end{cases} \tag{3-73}$$

舵力作用中心坐标 x_R 取为 $-0.5L$,x_H 取为 $-0.45L$。

3.2.4 环境作用力的求算

3.2.4.1 水流作用力的求算

在水流作用力的影响中,均匀流的模拟最为简单。设水流速度为 U_c,流向为 θ_c,船舶首向角为 ψ,那么船舶相对于水体的速度为:

$$\begin{cases} \tilde{u} = u - U_c \cos(\theta_c - \psi) \\ \tilde{v} = v - U_c \sin(\theta_c - \psi) \end{cases} \tag{3-74}$$

因此,均匀流存在时,船舶运动的方程式变为:

$$\begin{cases} (m+m_x)\dot{u} = (m+m_y)vr + (m_x-m_y)U_c r\sin(\theta_c-\psi) + \tilde{X}_H + \tilde{X}_P + \tilde{X}_R + X_{WD} \\ (m+m_y)\dot{v} = -(m+m_x)ur + (m_x-m_y)U_c r\cos(\theta_c-\psi) + \tilde{Y}_H + \tilde{Y}_R + Y_{WD} \\ (I_z+J_z)\dot{r} = -x_c\tilde{Y}_H + \tilde{N}_H + \tilde{N}_R + N_{WD} \end{cases} \tag{3-75}$$

式中:"~"表示船速取船舶相对于水体的速度。

水域中每个位置的流速也是不同的,船舶在非均匀流场中航行时,水流速度 U_c 和流向 θ_c 沿船舶方向各位置是变化的,即 U_c 与 θ_c 为 x 的函数:$U_c = U_c(x)$,$\theta_c = \theta_c(x)$。根据杨盐生等[140]的研究,在计算船舶纵向的水动力和水流附加力时,将非均匀流转化为均匀流:

$$\begin{cases} u_{Ce} = \dfrac{1}{L}\displaystyle\int_{-L/2}^{L/2} U_c(x)\cos\theta_c \, \mathrm{d}x \\ v_{Ce} = \dfrac{1}{L}\displaystyle\int_{-L/2}^{L/2} U_c(x)\sin\theta_c \, \mathrm{d}x \end{cases} \tag{3-76}$$

计算横向水动力和动力距时,有以下表达式:

$$\begin{cases} Y_H = \dfrac{1}{2}\rho L \, \mathrm{d}V_r^2 \displaystyle\int_{-1/2}^{1/2} y(x)\,\mathrm{d}x \\ N_H = \dfrac{1}{2}\rho L^2 \, \mathrm{d}V_r^2 \displaystyle\int_{-1/2}^{1/2} y(x)x\,\mathrm{d}x \end{cases} \tag{3-77}$$

其中,

$$y(x) = \dfrac{8}{\pi}\left\{\left[\sqrt{\dfrac{1/2+x}{1/2-x}} - 4\sqrt{\left(\dfrac{1}{2}\right)^2 - x^2}\right] N'_H(x) + Y'_H(x)\sqrt{\left(\dfrac{1}{2}\right)^2 - x^2}\right\} \tag{3-78}$$

式中:$N'_H(x)$ 和 $Y'_H(x)$ 为把船体与非均匀流的相对速度代入后计算得到的模型结果。

3.2.4.2 风作用力的求算

模型中,假设船舶航行中风作用时的风速为 U_w,风向为 φ_w,则船舶与风的相对速度表达式为:

$$\begin{cases} u_a = u + U_w \cos(\varphi_w - \psi) \\ v_a = v + U_w \sin(\varphi_w - \psi) \end{cases} \tag{3-79}$$

相对速度的大小和方向为:

$$\begin{cases} U_a = \sqrt{u_a^2 + v_a^2} \\ \varphi_a = a\tan^{-1}(v_a/u_a) \end{cases} \tag{3-80}$$

风对船舶产生的力和力矩为:

$$\begin{cases} X_{WD} = C_x \dfrac{1}{2}\rho_a U_a^2 A_T \\ Y_{WD} = C_y \dfrac{1}{2}\rho_a U_a^2 A_L \\ N_{WD} = C_N \dfrac{1}{2}\rho_a U_a^2 A_L L_{OA} \end{cases} \tag{3-81}$$

式中:$\rho_a = 1.025 \text{ kg/m}^3$,为空气密度;$A_T$ 为船舶在水面以上的正投影面积;A_L 为船舶在水面以上的侧投影面积;L_{OA} 为船舶的两柱间长度。洪碧光[141]在总结试验数据基础上回归出的公式用于确定风压力系数 C_x、C_y、C_N 具有较高的精度,本书采用了其研究成果,风压系数表示为 Fourier 级数的形式

$$\begin{cases} C_X = a_0 + \sum_{i=1}^{n} a_i \cos(i\theta) \\ C_Y = \sum_{i=1}^{n} b_i \cos(i\theta) \\ C_N = \sum_{i=1}^{n} c_i \cos(i\theta) \end{cases} \quad (3-82)$$

式中:a_i、b_i 和 c_i 分别为 C_x、C_y 和 C_N 的富氏系数。洪碧光[141]给出了 n 等于 5 时的所有系数值。

在建模时,需要根据实际船舶尺寸确定 A_T 和 A_L,若缺少实际船舶尺寸,受风面积可根据《港口工程荷载规范》[142]估算。

杂货船满载时,

$$\begin{cases} \lg A_L = -0.036 + 0.742\lg(DWT) \\ \lg A_T = -0.107 + 0.621\lg(DWT) \end{cases} \quad (3-83)$$

压载时,

$$\begin{cases} \lg A_L = 0.283 + 0.742\lg(DWT) \\ \lg A_T = 0.019 + 0.628\lg(DWT) \end{cases} \quad (3-84)$$

散货船满载时,

$$\begin{cases} \lg A_L = 0.648 + 0.550\lg(DWT) \\ \lg A_T = 0.427 + 0.480\lg(DWT) \end{cases} \quad (3-85)$$

压载时,

$$\begin{cases} \lg A_L = 0.733 + 0.601\lg(DWT) \\ \lg A_T = 0.377 + 0.533\lg(DWT) \end{cases} \quad (3-86)$$

油船满载时,

$$\begin{cases} \lg A_L = 0.485 + 0.574\lg(DWT) \\ \lg A_T = 0.116 + 0.531\lg(DWT) \end{cases} \quad (3-87)$$

压载时，

$$\begin{cases} \lg A_L = 0.618 + 0.6201\lg(DWT) \\ \lg A_T = 0.164 + 0.5751\lg(DWT) \end{cases} \quad (3\text{-}88)$$

式中：DWT 为船舶载重量，单位为吨。

3.2.4.3 水深影响的求算

水深影响操纵性效应的模拟通过调整水动力的导数实现。

(1) 附连质量及惯性矩的浅水修正

浅水附连质量和惯性矩按下式计算：

$$\begin{cases} \dfrac{m_x}{m_{x\infty}} = [(h/d-1)^{1.3} + 3.77 + 1.14B/d - 0.233L/d - 3.43C_B]/(h/d-1)^{1.3} \\ \dfrac{m_y}{m_{y\infty}} = [(h/d-1)^{0.82} + 0.413 + 0.0320B/d + 0.0129(B/d)^2]/(h/d-1)^{0.82} \\ \dfrac{J_z}{J_{z\infty}} = [(h/d-1)^{0.82} + 0.413 + 0.0192B/d + 0.00554(B/d)^2]/(h/d-1)^{0.82} \end{cases}$$

$$(3\text{-}89)$$

式中：h 为水深；下标"∞"表示深水中的惯性矩和附连质量。

(2) 直航阻力的浅水修正

浅水中黏性阻力形状因子可表示为：

$$(1+k) = (1+k)_\infty + \Delta k \quad (3\text{-}90)$$

式中：$(1+k)_\infty$ 为深水中的值；Δk 为：

$$\Delta k = 0.644\left(\dfrac{d}{h}\right)^{1.72} \quad (3\text{-}91)$$

深水中兴波阻力和浅水中兴波阻力的关系为：

$$\dfrac{R_w}{R_{w\infty}} = 0.7313455 - 0.3860855\left(\dfrac{d}{h}\right) + 8.126628\left(\dfrac{d}{h}\right)^2 \quad (3\text{-}92)$$

(3) 水动力导数的浅水修正

浅水效应对 X_{vv}、X_{rr} 的影响较小，X_{vr} 的浅水影响较大，X_{vr} 的浅水修正回归如下[133]：

$$\frac{X_{vr}}{X_{vr\infty}} = 1 - 0.9879\frac{d}{h} + 21.9123\left(\frac{d}{h}\right)^2 - 73.8161\left(\frac{d}{h}\right)^3 + 71.1409\left(\frac{d}{h}\right)^4 \tag{3-93}$$

根据盛子寅[143]的公式,横向力和动力矩的线性水动力导数浅水修正如下:

$$\frac{Y'_v}{(Y'_v)_\infty} = k_0 + k_1\frac{B}{d} + k_2\left(\frac{B}{d}\right)^2 \tag{3-94}$$

$$\frac{N'_v}{(N'_v)_\infty} = k_0 + a_1 k_1\frac{B}{d} + a_2 k_2\left(\frac{B}{d}\right)^2 \tag{3-95}$$

$$\frac{Y'_r}{(Y'_r)_\infty} = k_0 + b_1 k_1\frac{B}{d} + b_2 k_2\left(\frac{B}{d}\right)^2 \tag{3-96}$$

$$\frac{N'_r}{(N'_r)_\infty} = k_0 + c_1 k_1\frac{B}{d} + c_2 k_2\left(\frac{B}{d}\right)^2 \tag{3-97}$$

式中:下标"∞"表示深水值;

$$k_0 = 1 + 0.0775/(h/d-1)^2 - 0.011/(h/d-1)^3 \tag{3-98}$$

$$k_1 = -0.0643/(h/d-1) + 0.0724/(h/d-1)^2 - 0.0113/(h/d-1)^3 \tag{3-99}$$

$$k_2 = 0.0342/(h/d-1) \tag{3-100}$$

式中各系数可取下列值:

$$a_1 = b_1 = \frac{2}{3},\ a_2 = b_2 = \frac{8}{15},\ c_1 = \frac{1}{2},\ c_2 = \frac{1}{3} \tag{3-101}$$

非线性水动力导数在浅水中可采用下式估算:

$$Y'_{\beta\beta}/(Y'_{\beta\beta})_\infty = 1 + 14(d/h)^{3.5} \tag{3-102}$$

$$Y'_{rr}/(Y'_{rr})_\infty = 1 + 3(d/h)^{2.5} \tag{3-103}$$

$$Y'_{\beta r}/(Y'_{\beta r})_\infty = 1 + 3(d/h)^{3.5} \tag{3-104}$$

$$N'_{rr}/(N'_{rr})_\infty = 1 + 5(d/h)^{3.5} \tag{3-105}$$

$$N'_{\beta\beta r}/(N'_{\beta\beta r})_\infty = 1 + 6(d/h)^{2.5} \tag{3-106}$$

$$N'_{r r\beta}/(N'_{r r\beta})_\infty = 1 + 6(d/h)^{2.5} \qquad (3\text{-}107)$$

(4) 舵力和舵力矩的修正浅水

由舵引起的增额流体力系数和作用中心坐标浅水修正为：

$$\frac{a_H}{a_{H\infty}} = 1 + 0.361\,2\,\frac{d}{h} + 1.172\,4\left(\frac{d}{h}\right)^2 \qquad (3\text{-}108)$$

$$\frac{x_H}{x_{H\infty}} = 1 - 0.333\,\frac{d}{h} - 0.313\,1\left(\frac{d}{h}\right)^2 \qquad (3\text{-}109)$$

(5) 浅水螺旋桨力和力矩的修正

推力减额系数随水深变化会变小，浅水效应修正为[144]：

$$(1 - t_P)/(1 - t_P)_{(\infty)} = 1/[1.014\,3\,57 - 0.162\,691\,1(d/h) + 0.729\,538(d/h)^2] \qquad (3\text{-}110)$$

浅水中有效伴流系数的变化如下式所示：

$$(1 - \omega_p)/(1 - \omega_p)_{(\infty)} = \cos(1.15 C_B d/h) \qquad (3\text{-}111)$$

3.2.4.4 限制性航道影响的求算

船舶在限制性航道中航行时，伯努利原理使得航道的岸坡和船舶间会产生作用，特别是在船舶偏离航道中心线时，靠近船舶的航道岸坡会对船舶产生向岸的吸力。额外产生的水动力表示为[137]：

$$\begin{aligned}1000 Y'_c = & a_5 y_{B3} |y_{B3}| F_n + a_7 y_{B3} [T/(h-T)] \\ & + a_9 y_{B3} F_n [T/(h-T)] + a_{13} y_{B3} [T/(h-T)]^2 \end{aligned} \qquad (3\text{-}112)$$

$$\begin{aligned}1000 N'_c = & b_8 y_{B3} |y_{B3}| [T/(h-T)] + b_{13} y_{B3} [T/(h-T)]^2 \\ & + b_{14} y_{B3} |y_{B3}| [T/(h-T)]^2 + b_{16} y_{B3} F_n^2 [T/(h-T)]^2 \end{aligned} \qquad (3\text{-}113)$$

上式中各系数为：

$$a_5 = -59.3 + 34.7 C_B B/T,\ a_7 = 1.87 + 0.382 C_B B/T$$

$$a_9 = -0.896 - 3.22 C_B B/T,\ a_{13} = 0.0145 - 0.234 C_B B/T$$

$$b_8 = -1.1 + 0.389 C_B B/T,\ b_{13} = -0.159 + 0.0191 C_B B/T$$

$$b_{14} = 0.0379 - 0.0413 C_B B/T,\ b_{16} = -4.21 - 1.69 C_B B/T$$

y_{B3} 被定义为：

$$y_{B3}=B(1/y_{p3}+y_{s3})/2 \qquad (3\text{-}114)$$

式中：y_{p3} 与 y_{s3} 为船舶中心线在船舶一半吃水处与航道左右边坡的水平距离，表示为：

$$y_{p3}=y_p-(h-T/2)\mathrm{ctg}\alpha$$
$$y_{s3}=y_s+(h-T/2)\mathrm{ctg}\alpha$$
$$y_p=-W_c/2+\Delta$$
$$y_s=W_c/2+\Delta$$

式中：y_p 是船舶中心线到航道左边坡底端的距离；y_s 是船舶中心线到航道右边坡底端的距离；W_c 为航道宽度；α 为航道边坡的坡角；Δ 为船舶中心偏离航道中心线的距离，向左舷偏为正（如图3-6所示）。

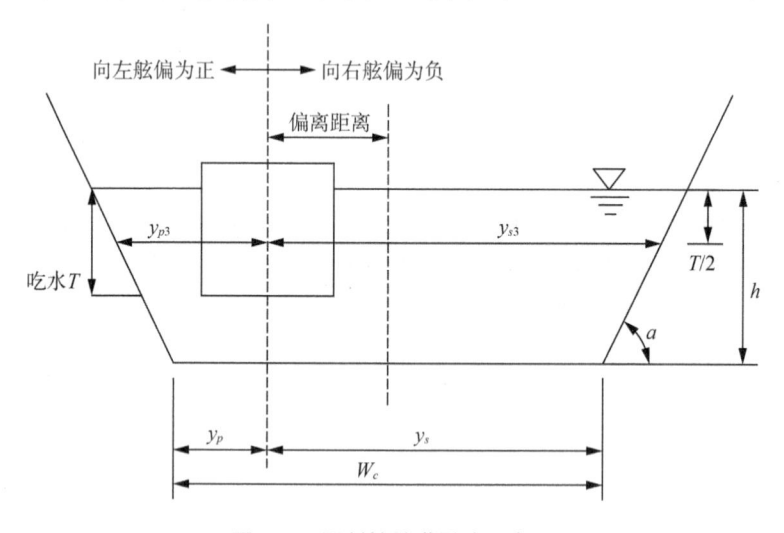

图3-6 限制性航道影响示意图

边坡顶高程一般均低于航道内的水面，航道内水深为 h，当航道开挖深度为 D_B 时，对岸吸力根据Norrbin的公式进行如下修正[137]：

$$\begin{cases} Y_f=Y_c\exp\left(-2\dfrac{h-D_B}{D_B}\right) \\ N_f=N_c\exp\left(-2\dfrac{h-D_B}{D_B}\right) \end{cases} \qquad (3\text{-}115)$$

3.2.5 船舶运动数学模型的率定

1. 模型船舶率定标准

(1) 内河船要求

内河船舶的主要标准是《长江运输船舶操纵性衡准》,如表 3-1 所示。本书主要对定常旋回性指标、航向稳定性指标及航向改变性指标三方面进行率定。

表 3-1 船舶操纵性衡准表

船舶类型	航区	航向稳定性 ΔC_0		航向改变性 $\bar{r}_{0\sim15}$	定常旋回性 $\bar{D}_0$	倒车制动性 $\bar{A}_b$	倒车稳定性 δ_A
		ΔC_0	δ_0	$\bar{r}_{0\sim15}$	$\bar{D}_0$	$\bar{A}_b$	δ_A
川江汽车滚装船	J级航段	<3.0	<4.0	>0.94	<3.0	<2.5	<15
客船客货船	J级航段	<3.0	<4.0	>0.94	<3.0	<2.5	<15
	B级航段	<3.0	<4.0	>0.50	<3.5	<3.0	<15
	A级航段	<3.0	<4.0	>0.45	<3.5	<3.0	<15
货船油船	J级航段	<3.5	<4.5	>0.83	<3.5	<2.5	<15
	B级航段	<3.5	<4.5	>0.50	<4.0	<3.0	<15
	A级航段	<3.5	<4.5	>0.40	<4.0	<3.5	<15
顶推船队	J级航段	<4.0	<5.5	>0.62	$2.2<\bar{D}_0<3.5$	<2.1	<20
	B级航段	<4.0	<5.5	>0.33	$2.5<\bar{D}_0<3.6$	<2.3	<20
	A级航段	<4.0	<5.5	>0.25	$2.6<\bar{D}_0<4.2$	<2.3	<20

(2) 海船率定要求

海船的主要标准为 IMO 的《船舶操纵性临时标准》[145],标准对于船舶的旋回性、初始旋回性和保向性等提出了相应的要求,具体如下:

①旋回性能

在进行旋回操纵中,旋回圈进距不应大于 4.5 倍船长。

②初始旋回性能

向左/右操 10°舵角,在船首向自初始航向改变 10°的时间内船舶前进的距离应小于 2.5 倍船长。

③保向性能

a. 在 10°/10°Z 形试验中,第一超越角的值不应超过:

10°,如果 $L/V<10$ s;

20°,如果 $L/V\geqslant 30$ s;

$[5+1/2(L/V)]°$,如果 30 s$>L/V\geqslant$10 s。

b. 10°/10°Z 形试验中,第二超越角的值小于第一超越角的上述临界值15°;

c. 20°/20°Z 形试验中,第一超越角小于 25°。

2. 船型率定

(1) 1 000 吨内河船

①航向稳定性率定

在不受外界环境的影响下,正舵船舶航行 3 分钟,$\Delta C_0=0<3.0$,满足相关规范的要求。

②航向改变性率定

船舶常车稳速且航向稳定的情况下,操舵角 15°,航向由 0°变为 15°,$\bar{r}_{0\sim 15}=0.84$,满足要求。

③定常回转性率定

旋回试验结果如表 3-2 和图 3-7 所示,旋回性能满足要求。

综上,1 000 吨内河船的操纵特性满足《长江运输船舶操纵性衡准》的要求。

表 3-2　1 000 吨级货船旋回试验结果

	左旋回试验	右旋回试验
初始速度(m/s)	4.5	4.5
纵距(m)	2.90L	3.10L
战术直径(m)	3.30L	3.12L
回转直径(m)	3.05L	3.20L

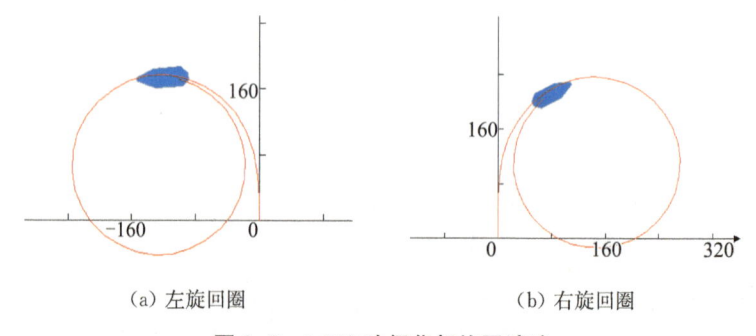

(a) 左旋回圈　　(b) 右旋回圈

图 3-7　1 000 吨级货船旋回试验

(2) 1顶16船队率定试验

①航向稳定性率定

在不受外界环境的影响下,正舵船舶航行3分钟,$\Delta C_0=0<3.0$,满足相关规范的要求。

②航向改变性率定

船舶常车稳速且航向稳定的情况下,操舵角15°,航向由0°变为15°,$\bar{r}_{0\sim15}=0.62$,满足要求。

③定常回转性率定

1顶16船队旋回试验结果如表3-3所示,旋回性能满足要求。

表3-3　1顶16船队旋回试验结果

	左旋回试验	右旋回试验
初始速度(m/s)	4.5	4.5
纵距(m)	3.07L	3.40L
战术直径(m)	3.44L	3.84L
回转直径(m)	3.29L	3.64L

综上,1顶16船队的操纵特性满足《长江运输船舶操纵性衡准》的要求。

(3) 1万吨级船舶率定试验

①定常回转性率定

1万吨杂货船旋回试验结果如表3-4和图3-8所示,旋回圈直径为4.05L,小于规定的4.5L,满足要求。

②初始回转性能率定

10°舵角回转试验中,首向角改变10°,1万吨级杂货船的进距为1.85L,小于规定的2.5L。

表3-4　1万吨级船舶旋回试验结果

试验类型	初始速度(kn)	进距(m)	回转直径(m)
1万吨级船舶右旋回试验	12 kn	3.35L	4.06L
1万吨级船舶左旋回试验	12 kn	3.28L	3.75L

(a) 右旋回圈　　　　　　　　(b) 左旋回圈

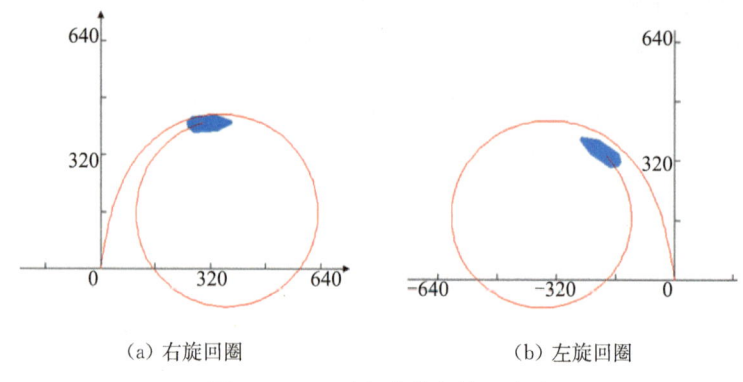

图 3-8　1 万吨级杂货船旋回试验

③保向性能率定

进行了 10°/10°Z 形操纵试验和 20°/20°Z 形操纵试验,结果如图 3-9 和图 3-10 所示。10°/10°Z 形试验时,1 万吨级试验船型第一超越角为 5.9°,第二超越角为 6.2°,满足要求;20°/20°Z 形试验时,1 万吨级试验船型第一超越角为 10.5°,第二超越角为 14°,满足要求。

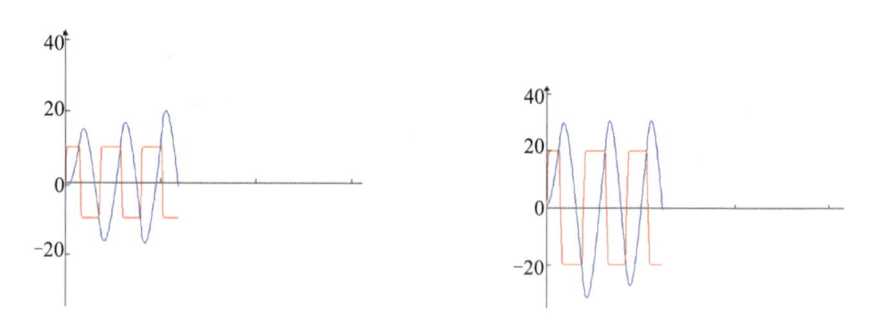

图 3-9　1 万吨级杂货船 10°/10°Z 形试验　　图 3-10　1 万吨级杂货船 20°/20°Z 形试验

综上所述,1 万吨级杂货船的船舶操纵特性满足 IMO 船舶操纵性能标准的要求。

3.2.6　仿真环境系统

船舶的操纵环境有简单单机版的离线模拟操纵环境[146,147],也有大型船舶操纵模拟器系统,本书建立的数学操纵运动数学模型集成到了大型船舶操纵模拟器的仿真环境中,大型船舶操纵模拟器的仿真环境如图 3-11 所示。

船舶操纵模拟器提供的 360 度三维实景可直接反映船长、驾驶员在船舶驾驶台看到的桥区航道环境和工程实景,模拟环境(包括岸线、水深、大桥建筑物、风流等)与工程的环境是一致的。船舶操纵模拟器是一种交互仿真系统,模拟的仿真环境使人能够参与其中进行交互,模拟了驾驶员在桥区水域根据仿真环境下达操船指令,比如下达指令舵角,数学模型实时结算完成操纵响应,驾驶员再根据航行环境的变化进行指令下达,从而完成通过桥区水域的过程或者撞击桥墩的过程,以反映出人为因素的影响,船舶操纵模拟器对船舶操纵过程的模拟和仿真具有很高的可信度[148],可以有效地应用于实际工程中。该模拟器已经被成功地应用到引江济汉通航工程[149]及引江济淮工程[150]之中。

图 3-11 大型船舶操纵模拟仿真系统示意图

3.3 改进的 AASHTO 模型的验证

为验证利用船舶操纵仿真模拟考虑人为因素的船撞桥概率模型的合理性,使模型能够真正应用于实际工程中,下面以南京长江大桥为例,利用项目实测数据、试验数据,带入模型进行计算,从而对模型进行比较验证。

3.3.1 案例简介

南京长江大桥是长江上第一座中国自行设计和建造的公铁两用桥梁,桥梁通航孔跨度为 160 m,通航净宽为 144 m,通航净高为 24 m。大桥水域呈现 10 墩 9 孔的格局,桥区墩孔布置如图 3-12 所示,其中第 4 孔、第 6 孔及第 8 孔为 3 个通航孔,所涉及桥墩从第 4 孔至第 8 孔分别为 $4^{\#}$、$5^{\#}$、$6^{\#}$、$7^{\#}$、$8^{\#}$ 和 $9^{\#}$ 共 6 个桥墩,桥区通航方式如图 3-13 所示。

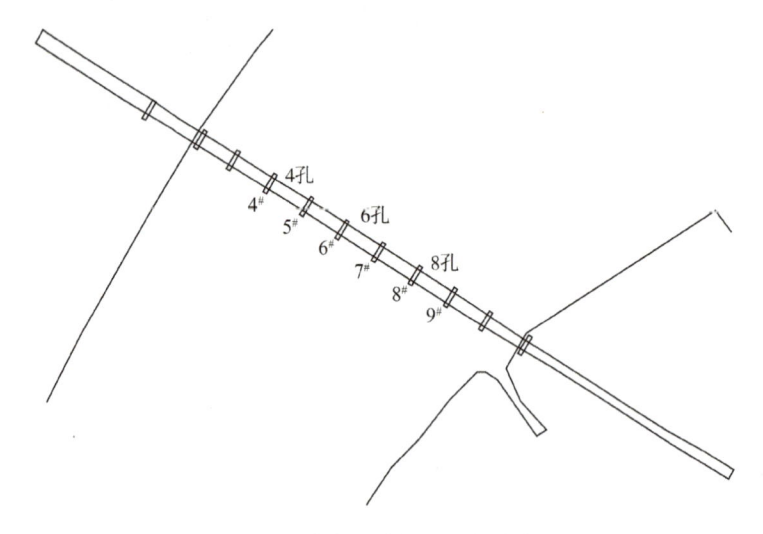

图 3-12　南京长江大桥通航桥孔布置图

图 3-13　南京长江大桥通航示意图

根据南京长江大桥水域近年来的统计数据,船舶日交通流量为 1 387 艘次/天,其中 90 m 以下的船舶为 1 277 艘次/天,90 m 至 180 m 长度之间的船舶为 106 艘次/天,180 m 长度以上的船舶为 4 艘次/天。

利用建立的船舶操纵数学模型,模拟了 1 顶 16×3 000 吨级船队、1 万吨级船舶及1 000吨级船舶、上行下行两种航行方式、1种流场条件及4种风况下的船舶操纵试验,共144组模拟试验,试验船型参数如表3-5所示,试验工况如表3-6所示。

表3-5 代表船型参数表

代表船型	船型尺度(m)			备注
	总长	型宽	设计吃水	
4.8万吨级1顶16×3 000吨级船队	406	64.8	3.5	船队
1万吨级船舶	123	21.6	5.8	单船
1 000吨级船舶	85	10.8	2.0	单船

表3-6 试验工况表

试验水域	试验类型	航行方式	风向	风速(级)	试验组次
南京长江大桥水域	1万吨级船舶	上行4孔	NW、SE、N、S	4/6/7/8	16
		下行6孔	NW、SE、N、S	4/6/7/8	16
		下行8孔	NW、SE、N、S	4/6/7/8	16
南京长江大桥水域	1顶16×3 000吨级分节驳船	上行4孔	NW、SE、N、S	4/6/7/8	16
		下行6孔	NW、SE、N、S	4/6/7/8	16
		下行8孔	NW、SE、N、S	4/6/7/8	16
	1 000吨级船舶	上行4孔	NW、SE、N、S	4/6/7/8	16
		下行6孔	NW、SE、N、S	4/6/7/8	16
		下行8孔	NW、SE、N、S	4/6/7/8	16

3.3.2 原始AASHTO模型结果

3.3.2.1 1 000吨级船舶计算结果

(1) 偏航概率

根据相关资料,平行于桥梁轴线法线的水流分量为3.18 m/s,垂直于桥梁轴线法线的水流分量为0.35 m/s,桥区水域船舶交通密度为1 387艘次/天,属于高交通密度。各参数取值如表3-7所示。船舶偏航概率P_A为1.74×10^{-4}。

表 3-7　1 000 吨级船舶 AASHTO 计算模型参数取值

船型	B_R	R_B	R_C	R_{XC}	R_D
货船	0.6×10^{-4}	1.3	1.17	1.19	1.6

（2）几何概率

根据 AASHTO 模型，船舶航迹带概率分布为期望为 0、均方差为 1 倍船长即 85 的正态分布。

$$P_G = \int_{x_1}^{x_2} \frac{1}{\sqrt{2\pi}\times 85} e^{-\frac{(x-0)^2}{2\times 85^2}} \quad (3-116)$$

各桥墩受船舶碰撞几何概率及对应积分上下限取值如表 3-8～表 3-10 所示。

表 3-8　上行 4 孔几何概率及 x_1、x_2 取值

桥墩号	4#	5#
x_1	−88	72
x_2	−72	88
P_G	0.048 2	0.048 2

表 3-9　下行 6 孔几何概率及 x_1、x_2 取值

桥墩号	6#	7#
x_1	−88	72
x_2	−72	88
P_G	0.048 2	0.048 2

表 3-10　下行 8 孔几何概率及 x_1、x_2 取值

桥墩号	8#	9#
x_1	−88	72
x_2	−72	88
P_G	0.048 2	0.048 2

(3) 碰撞概率

以 90 m 以下船舶通过数量作为 1 000 吨级船舶的船舶流量(换算为年通过量,下同),则每个桥墩遭到 1 000 吨级船舶碰撞的概率为:

4 号桥墩碰撞概率:$P_4 = 1\,277/2 \times 365 \times 1.74 \times 10^{-4} \times 0.048\,2 = 1.95$

5 号桥墩碰撞概率:$P_5 = 1\,277/2 \times 365 \times 1.74 \times 10^{-4} \times 0.048\,2 = 1.95$

6 号桥墩碰撞概率:$P_6 = 1\,277/2/2 \times 365 \times 1.74 \times 10^{-4} \times 0.048\,2 = 0.97$

7 号桥墩碰撞概率:$P_7 = 1\,277/2/2 \times 365 \times 1.74 \times 10^{-4} \times 0.048\,2 = 0.97$

8 号桥墩碰撞概率:$P_8 = 1\,277/2/2 \times 365 \times 1.74 \times 10^{-4}\ 0.048\,2 = 0.97$

9 号桥墩碰撞概率:$P_9 = 1\,277/2/2 \times 365 \times 1.74 \times 10^{-4} \times 0.048\,2 = 0.97$

3.3.2.2 船队计算结果

(1) 偏航概率计算

根据相关资料,平行于桥梁轴线法线的水流分量为 3.18 m/s,垂直于桥梁轴线法线的水流分量为 0.35 m/s,桥区水域船舶交通密度为 1 387 艘次/天,属于高交通密度。各参数取值如表 3-11 所示。船舶偏航概率 P_A 为 3.48×10^{-4}。

表 3-11 船队 AASHTO 计算模型参数取值

船型	B_R	R_B	R_C	R_{XC}	R_D
船队	1.2×10^{-4}	1.3	1.17	1.19	1.6

(2) 几何概率计算

根据 AASHTO 模型,船舶航迹带概率分布为期望为 0、均方差为 1 倍船长即 406 的正态分布。

$$P_G = \int_{x_1}^{x_2} \frac{1}{\sqrt{2\pi} \times 406} e^{-\frac{(x-0)^2}{2 \times 406^2}} \quad (3\text{-}117)$$

各桥墩受船舶碰撞几何概率及对应积分上下限取值如表 3-12～表 3-14 所示。

表 3-12　上行 4 孔几何概率及 x_1、x_2 取值

桥墩号	4#	5#
x_1	−88	72
x_2	−72	88
P_G	0.015 4	0.015 4

表 3-13　下行 6 孔几何概率及 x_1、x_2 取值

桥墩号	6#	7#
x_1	−88	72
x_2	−72	88
P_G	0.015 4	0.015 4

表 3-14　下行 8 孔几何概率及 x_1、x_2 取值

桥墩号	8#	9#
x_1	−88	72
x_2	−72	88
P_G	0.015 4	0.015 4

(3) 碰撞概率

以 180 m 以上船舶通过数量作为船队的船舶流量(换算为年通过量),则每个桥墩遭到船队碰撞的概率为:

4 号桥墩碰撞概率: $P_4 = 4/2 \times 365 \times 3.48 \times 10^{-4} \times 0.015\ 4 = 0.004$

5 号桥墩碰撞概率: $P_5 = 4/2 \times 365 \times 3.48 \times 10^{-4} \times 0.015\ 4 = 0.004$

6 号桥墩碰撞概率: $P_6 = 4/2/2 \times 365 \times 3.48 \times 10^{-4} \times 0.015\ 4 = 0.002$

7 号桥墩碰撞概率: $P_7 = 4/2/2 \times 365 \times 3.48 \times 10^{-4} \times 0.015\ 4 = 0.002$

8 号桥墩碰撞概率: $P_8 = 4/2/2 \times 365 \times 3.48 \times 10^{-4} \times 0.015\ 49 = 0.002$

9 号桥墩碰撞概率: $P_9 = 4/2/2 \times 365 \times 3.48 \times 10^{-4} \times 0.015\ 4 = 0.002$

3.3.2.3　1 万吨级船舶试验结果

(1) 偏航概率

根据相关资料,平行于桥梁轴线法线的水流分量为 3.18 m/s,垂直于桥梁

轴线法线的水流分量为 0.35 m/s,桥区水域船舶交通流密度为 1 387 艘次/天,属于高交通密度。各参数取值如表 3-15 所示。船舶偏航概率 P_A 为 1.74×10^{-4}。

表 3-15　1 万吨级船舶 AASHTO 计算模型参数取值

船型	B_R	R_B	R_C	R_{XC}	R_D
货船	0.6×10^{-4}	1.3	1.17	1.19	1.6

（2）几何概率

根据 AASHTO 模型,船舶航迹带概率分布为期望为 0、均方差为 1 倍船长即 123 的正态分布。

$$P_G = \int_{x_1}^{x_2} \frac{1}{\sqrt{2\pi}\times 123} e^{-\frac{(x-0)^2}{2\times 123^2}} \quad (3-118)$$

各桥墩受船舶碰撞几何概率及对应积分上下限取值如表 3-16～表 3-18 所示。

表 3-16　上行 4 孔几何概率及 x_1、x_2 取值

桥墩号	4#	5#
x_1	−88	72
x_2	−72	88
P_G	0.042	0.042

表 3-17　下行 6 孔几何概率及 x_1、x_2 取值

桥墩号	6#	7#
x_1	−88	72
x_2	−72	88
P_G	0.042	0.042

表 3-18　下行 8 孔几何概率及 x_1、x_2 取值

桥墩号	8#	9#
x_1	−88	72

续表

桥墩号	8#	9#
x_2	−72	88
P_G	0.042	0.042

(3) 碰撞概率

以船长 180 m 以下、90 m 以上船舶通过数量作为 1 万吨级船舶的船舶流量(换算为年通过量)，则每个桥墩遭到船队碰撞的概率为：

4 号桥墩碰撞概率：$P_4 = 106/2 \times 365 \times 3.48 \times 10^{-4} \times 0.042 = 0.14$

5 号桥墩碰撞概率：$P_5 = 106/2 \times 365 \times 3.48 \times 10^{-4} \times 0.042 = 0.14$

6 号桥墩碰撞概率：$P_6 = 106/2/2 \times 365 \times 3.48 \times 10^{-4} \times 0.042 = 0.07$

7 号桥墩碰撞概率：$P_7 = 106/2/2 \times 365 \times 3.48 \times 10^{-4} \times 0.042 = 0.07$

8 号桥墩碰撞概率：$P_8 = 106/2/2 \times 365 \times 3.48 \times 10^{-4} \times 0.042 = 0.07$

9 号桥墩碰撞概率：$P_9 = 106/2/2 \times 365 \times 3.48 \times 10^{-4} 0.042 = 0.07$

3.3.2.4 原始 AASHTO 模型计算结论

采用 AASHTO 经典碰撞模型对 1 000 吨级货船、船队和 1 万吨级货船的碰撞概率进行了计算。按桥墩统计，4 号桥墩的碰撞概率为 2.094 次/年，5 号桥墩的碰撞概率为 2.094 次/年，6 号桥墩的碰撞概率为 1.042 次/年，7 号桥墩的碰撞概率为 1.042 次/年，8 号桥墩的碰撞概率为 1.042 次/年，9 号桥墩的碰撞概率为 1.042 次/年；按照船舶上下行统计，上行船舶碰撞桥墩概率为 4.173 次/年，下行船舶碰撞桥墩概率为 4.173 次/年，总碰撞概率为 8.356 次/年。根据第二章的统计结果，南京长江大桥的年统计结果为 0.8 次/年，模型的计算概率远大于实际统计的结果，下面采用改进的模型进行计算。

3.3.3 改进的 AASHTO 模型结果

3.3.3.1 1 000 吨级船舶模拟试验

(1) 偏航概率

与原始的 AASHTO 模型相同，为 1.74×10^{-4}。

(2) 几何概率

根据 AASHTO 模型，船舶航迹带概率分布为正态分布。

$$f(x) = \frac{1}{\sqrt{2\pi}\sigma_a} e^{-\frac{(x-\bar{a})^2}{2\sigma_a^2}} \qquad (3\text{-}119)$$

模拟试验的航迹带分布如图 3-14～图 3-16 所示,统计上行、下行航迹带数据,求出试验数据的期望、均方差,并代入上式,便完成了航迹带分布拟合。通过 4 孔的上行船舶航迹分布均值是 -13.3,均方差是 22.1;通过 6 孔的下行船舶航迹分布均值是 -5.9,均方差是 19.5;通过 8 孔的下行船舶航迹分布均值是 -23,均方差是 28.4。

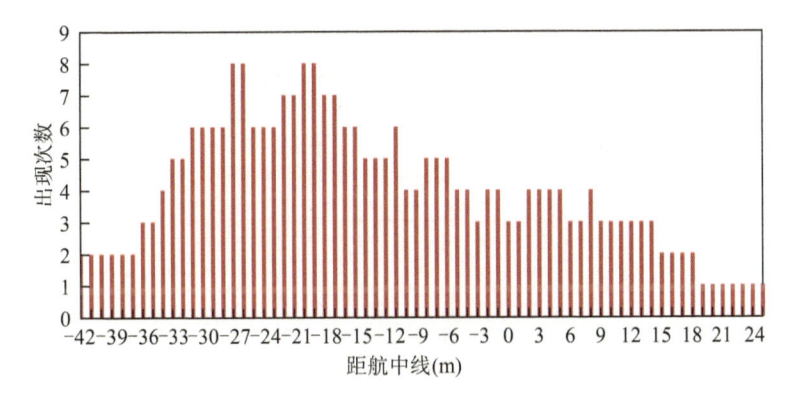

图 3-14　上行过 4 孔航迹带分布图

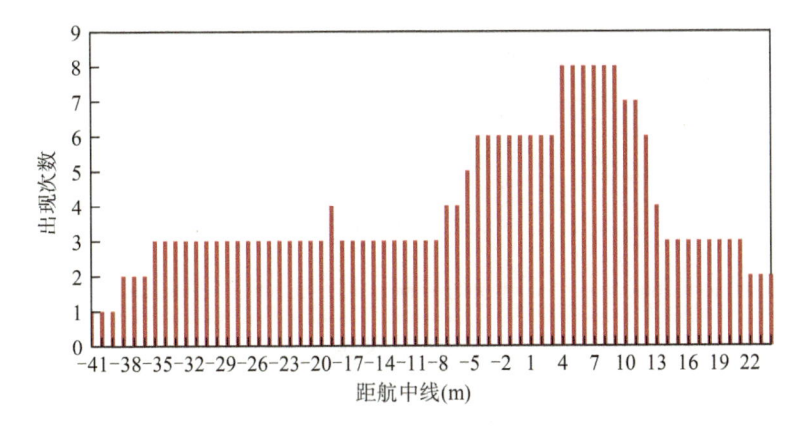

图 3-15　下行过 6 孔航迹带分布图

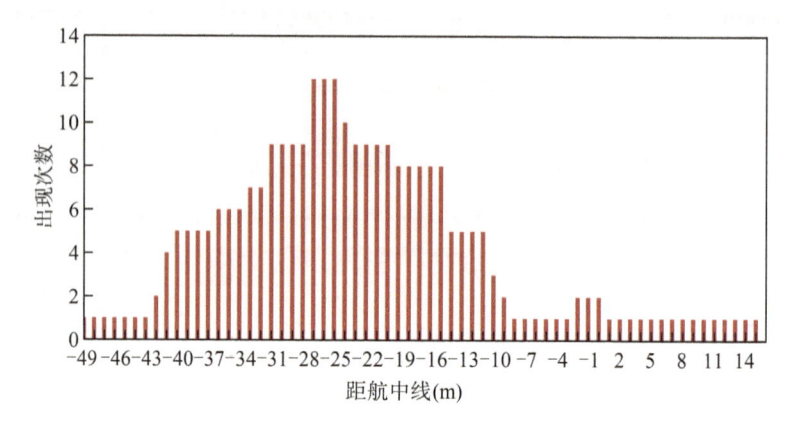

图 3-16　下行过 8 孔航迹带分布图

上行船舶通过 4 孔需考虑撞击 $4^{\#}$ 和 $5^{\#}$ 桥墩，根据 AASHTO 规范，几何碰撞概率为：

$$P_G = \int_{x_1}^{x_2} \frac{1}{\sqrt{2\pi} \times 22.1} e^{-\frac{(x+13.3)^2}{2 \times 22.1^2}} \quad (3\text{-}120)$$

下行船舶通过 6 孔需考虑撞击 $6^{\#}$ 和 $7^{\#}$ 桥墩，根据 AASHTO 规范，几何碰撞概率为：

$$P_G = \int_{x_1}^{x_2} \frac{1}{\sqrt{2\pi} \times 19.5} e^{-\frac{(x+5.9)^2}{2 \times 19.5^2}} \quad (3\text{-}121)$$

下行船舶通过 8 孔需考虑撞击 $8^{\#}$ 和 $9^{\#}$ 桥墩，根据 AASHTO 规范，几何碰撞概率为：

$$P_G = \int_{x_1}^{x_2} \frac{1}{\sqrt{2\pi} \times 28.4} e^{-\frac{(x+23)^2}{2 \times 28.4^2}} \quad (3\text{-}122)$$

各桥墩受船舶碰撞几何概率及对应积分上下限取值如表 3-19～表 3-21 所示。

表 3-19　上行 4 孔几何概率及 x_1、x_2 取值

桥墩号	$4^{\#}$	$5^{\#}$
x_1	−88	72
x_2	−72	88

续表

桥墩号	4#	5#
P_G	0.003 6	0.000 054

表 3-20 下行 6 孔几何概率及 x_1、x_2 取值

桥墩号	6#	7#
x_1	−88	72
x_2	−72	88
P_G	0.000 34	0.000 032

表 3-21 下行 8 孔几何概率及 x_1、x_2 取值

桥墩号	8#	9#
x_1	−88	72
x_2	−72	88
P_G	0.031 2	0.000 36

(3) 停船概率

根据 Kunz 的建议[35]及相关航海经验，船舶上行停船距离均值取 400 m，均方差为 85 m，船舶下行停船距离均值取 600 m，均方差为 85 m，积分路径 D 取 500 m。

1 000 吨级船舶上行时未能停下的概率为：

$$P_S = 1 - F_S = 1 - \int_0^D f(s) \mathrm{d}s = 1 - \int_0^{500} \frac{1}{\sqrt{2\pi} \times 85} \mathrm{e}^{-\frac{(s-400)^2}{2 \times 85^2}} = 0.12$$

1 000 吨级船舶下行时未能停下的概率为：

$$P_S = 1 - F_S = 1 - \int_0^D f(s) \mathrm{d}s = 1 - \int_0^{500} \frac{1}{\sqrt{2\pi} \times 85} \mathrm{e}^{-\frac{(s-600)^2}{2 \times 85^2}} = 0.88$$

(4) 碰撞概率

根据通过桥区水域船舶流量分析可知，桥墩遭到 1 000 吨级货船碰撞的概率为：

4 号桥墩碰撞概率：$P_4 = 1\ 277/2 \times 365 \times 1.74 \times 10^{-4} \times 0.003\ 6 \times 0.12 = 0.017\ 5$

5号桥墩碰撞概率:$P_5=1\,277/2\times365\times1.74\times10^{-4}\times0.000\,054\times0.12=0.000\,3$

6号桥墩碰撞概率:$P_6=1\,277/2/2\times365\times1.74\times10^{-4}\times0.000\,34\times0.88=0.006\,1$

7号桥墩碰撞概率:$P_7=1\,277/2/2\times365\times1.74\times10^{-4}\times0.000\,032\times0.88=0.000\,6$

8号桥墩碰撞概率:$P_8=1\,277/2/2\times365\times1.74\times10^{-4}\times0.031\,2\times0.88=0.556\,7$

9号桥墩碰撞概率:$P_9=1\,277/2/2\times365\times1.74\times10^{-4}\times0.000\,36\times0.88=0.006\,4$

综上可以得到,4号、5号桥墩受上行1 000吨级船舶碰撞的概率为0.017 8次/年,6号、7号、8号及9号桥墩受下行1 000吨级船舶碰撞的概率为0.569 8次/年。

3.3.3.2 船队模拟试验

(1)偏航概率

与原始的AASHTO模型相同,为3.48×10^{-4}。

(2)几何概率

将1顶16船队航迹带概率分布看作正态分布。模拟试验的航迹带分布如图3-17～图3-19所示,统计上行、下行航迹带数据,求出试验数据的期望、均方差,并代入式(3-119),便完成了航迹带分布拟合。

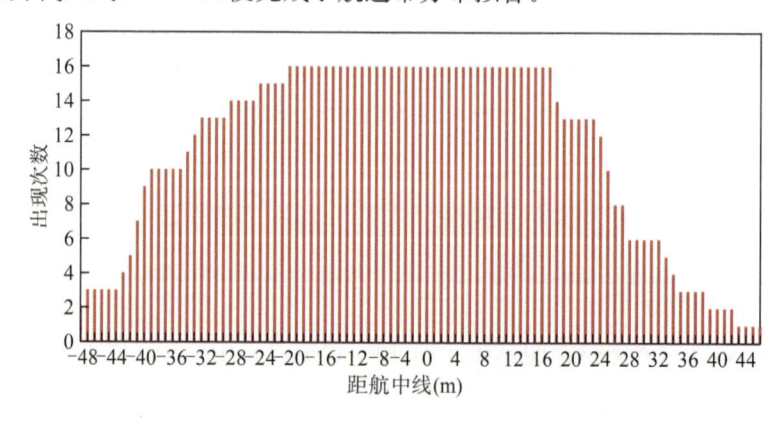

图3-17 上行过4孔航迹带分布图

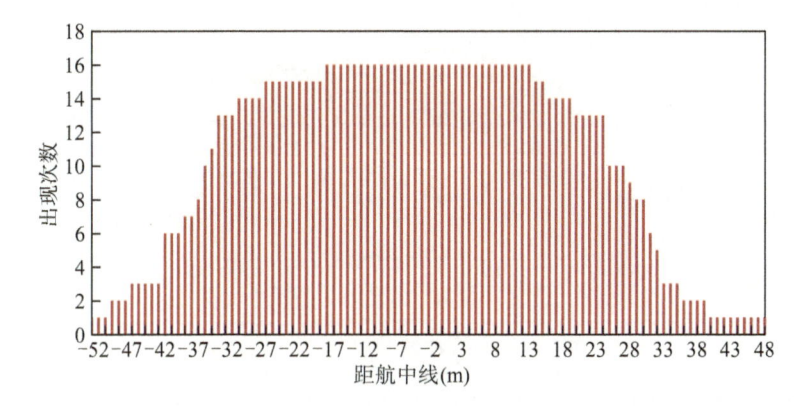

图 3-18　下行过 6 孔航迹带分布图

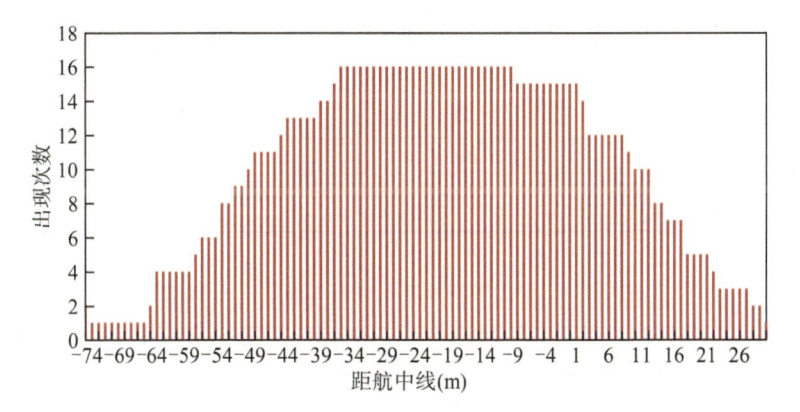

图 3-19　下行过 8 孔航迹带分布图

通过 4 孔的上行船队航迹分布均值是 −4.2,均方差是 34.7;通过 6 孔的下行船队航迹分布均值是 −4.2,均方差是 34.6;通过 8 孔的下行船队航迹分布均值是 −19.2,均方差是 45.8。

上行船舶通过 4 孔需考虑撞击 4# 和 5# 桥墩,根据 AASHTO 规范,几何碰撞概率为:

$$P_G = \int_{x_1}^{x_2} \frac{1}{\sqrt{2\pi} \times 67.7} e^{-\frac{(x+4.2)^2}{2 \times 34.7^2}} \qquad (3-123)$$

下行船舶通过 6 孔需考虑撞击 6# 和 7# 桥墩,根据 AASHTO 规范,几何碰撞概率为：

$$P_G = \int_{x_1}^{x_2} \frac{1}{\sqrt{2\pi} \times 67.6} e^{-\frac{(x+4.2)^2}{2 \times 34.6^2}} \quad (3-124)$$

下行船舶通过 8 孔需考虑撞击 8# 和 9# 桥墩，根据 AASHTO 规范，几何碰撞概率为：

$$P_G = \int_{x_1}^{x_2} \frac{1}{\sqrt{2\pi} \times 90.8} e^{-\frac{(x+19.2)^2}{2 \times 45.8^2}} \quad (3-125)$$

桥墩受船队碰撞的几何概率及对应积分上下限取值如表 3-22～表 3-24 所示。

表 3-22 船队上行 4 孔几何概率及 x_1、x_2 取值

桥墩号	4#	5#
x_1	−88	72
x_2	−72	88
P_G	0.017 5	0.01

表 3-23 船队下行 6 孔几何概率及 x_1、x_2 取值

桥墩号	6#	7#
x_1	−88	72
x_2	−72	88
P_G	0.017 5	0.01

表 3-24 船队下行 8 孔几何概率及 x_1、x_2 取值

桥墩号	8#	9#
x_1	−88	72
x_2	−72	88
P_G	0.058	0.013 6

(3) 停船概率

根据 Kunz 的建议[35]及相关航海经验，船舶上行停船距离均值取 2 300 m，

均方差为406 m,船舶下行停船距离均值取2 500 m,均方差为406 m,积分路径 D 取500 m。

船队上行时未能停下的概率为：

$$P_S = 1 - F_S = 1 - \int_0^D f(s)\mathrm{d}s = 1 - \int_0^{500} \frac{1}{\sqrt{2\pi} \times 406} e^{-\frac{(s-2\,300)^2}{2\times 406^2}} = 0.99$$

船队下行时未能停下的概率为：

$$P_S = 1 - F_S = 1 - \int_0^D f(s)\mathrm{d}s = 1 - \int_0^{500} \frac{1}{\sqrt{2\pi} \times 406} e^{-\frac{(s-2\,500)^2}{2\times 406^2}} = 0.99$$

(4) 碰撞概率

根据通过桥区水域船舶流量分析可知，桥墩遭到大型船队碰撞的概率为：

4号桥墩碰撞概率：$P_4 = 4/2 \times 365 \times 3.48 \times 10^{-4} \times 0.017\,5 \times 0.99 = 0.004\,4$

5号桥墩碰撞概率：$P_5 = 4/2 \times 365 \times 3.48 \times 10^{-4} \times 0.01 \times 0.99 = 0.002\,5$

6号桥墩碰撞概率：$P_6 = 4/2/2 \times 365 \times 3.48 \times 10^{-4} \times 0.017\,5 \times 0.99 = 0.002\,2$

7号桥墩碰撞概率：$P_7 = 4/2/2 \times 365 \times 3.48 \times 10^{-4} \times 0.01 \times 0.99 = 0.001\,3$

8号桥墩碰撞概率：$P_8 = 4/2/2 \times 365 \times 3.48 \times 10^{-4} \times 0.058 \times 0.99 = 0.007\,3$

9号桥墩碰撞概率：$P_9 = 4/2/2 \times 365 \times 3.48 \times 10^{-4} \times 0.013\,6 \times 0.99 = 0.001\,7$

综上可以得到，4号、5号桥墩受上行船队碰撞的概率为0.006 9次/年，6号、7号、8号及9号桥墩受下行船队碰撞的概率为0.012 5次/年。

3.3.3.3 1万吨级船舶模拟试验

(1) 偏航概率

与改进的AASHTO模型相同,为 1.74×10^{-4}。

(2) 几何概率

根据AASHTO模型,船舶航迹带概率分布为正态分布。模拟试验的航迹带分布如图3-20～图3-22所示，统计上行、下行航迹带数据，求出试验数据的期望、均方差，并代入式(3-199)，便完成了航迹带分布拟合。

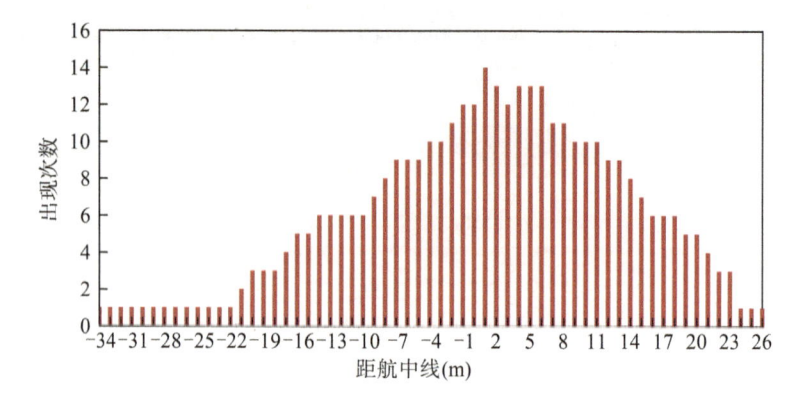

图 3-20　上行过 4 孔航迹带分布图

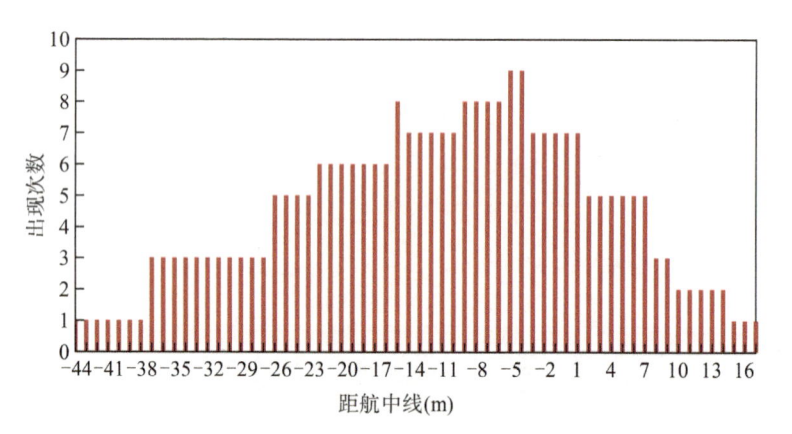

图 3-21　下行过 6 孔航迹带分布图

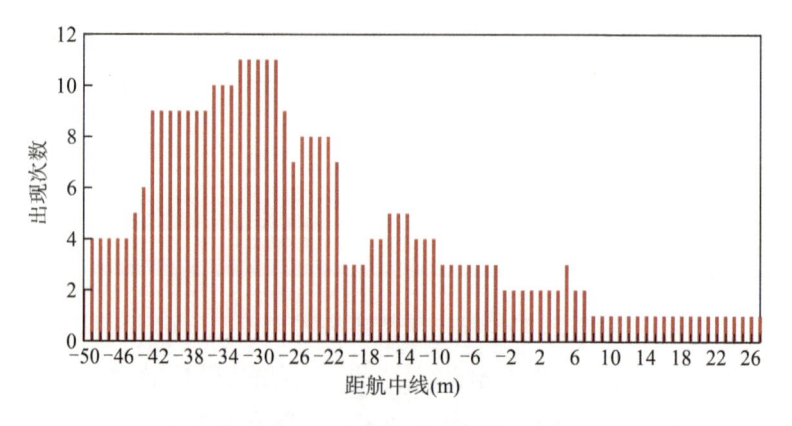

图 3-22　下行过 8 孔航迹带分布图

通过4孔的上行船舶航迹分布均值是1.14,均方差是26.56;通过6孔的下行船舶航迹分布均值是−11.4,均方差是31.7;通过8孔的下行船舶航迹分布均值−24.4,均方差是38.5。

上行船舶通过4孔需考虑撞击4#和5#桥墩,根据AASHTO规范,几何碰撞概率为:

$$P_G = \int_{x_1}^{x_2} \frac{1}{\sqrt{2\pi} \times 26.56} e^{-\frac{(x-1.14)^2}{2 \times 26.56^2}} \qquad (3-126)$$

下行船舶通过6孔需考虑撞击6#和7#桥墩,根据AASHTO规范,几何碰撞概率为:

$$P_G = \int_{x_1}^{x_2} \frac{1}{\sqrt{2\pi} \times 31.7} e^{-\frac{(x+11.4)^2}{2 \times 31.7^2}} \qquad (3-127)$$

下行船舶通过8孔需考虑撞击8#和9#桥墩,根据AASHTO规范,几何碰撞概率为:

$$P_G = \int_{x_1}^{x_2} \frac{1}{\sqrt{2\pi} \times 38.5} e^{-\frac{(x+24.4)^2}{2 \times 38.5^2}} \qquad (3-128)$$

桥墩受1万吨级船舶碰撞的几何概率及对应积分上下限取值如表3-25~表3-27所示。

表3-25　上行4孔几何概率及 x_1、x_2 取值

桥墩号	4#	5#
x_1	−88	72
x_2	−72	88
P_G	0.0026	0.0033

表3-26　下行6孔几何概率及 x_1、x_2 取值

桥墩号	6#	7#
x_1	−88	72
x_2	−72	88

续表

桥墩号	6$^\#$	7$^\#$
P_G	0.020 1	0.003 4

表 3-27　下行 8 孔几何概率及 x_1、x_2 取值

桥墩号	8$^\#$	9$^\#$
x_1	−88	72
x_2	−72	88
P_G	0.058 9	0.004 4

（3）停船概率

根据 Kunz 的建议[35]及相关航海经验,船舶上行停船距离均值取 600 m,均方差为 123 m,船舶下行停船距离均值取 800 m,均方差为 123 m,积分路径 D 取 500 m。

1 万吨级船舶上行时未能停下的概率为:

$$P_S = 1 - F_S = 1 - \int_0^D f(s)\mathrm{d}s = 1 - \int_0^{500} \frac{1}{\sqrt{2\pi} \times 85} \mathrm{e}^{-\frac{(s-600)^2}{2 \times 123^2}} = 0.81$$

1 万吨级船舶下行时未能停下的概率为:

$$P_S = 1 - F_S = 1 - \int_0^D f(s)\mathrm{d}s = 1 - \int_0^{500} \frac{1}{\sqrt{2\pi} \times 85} \mathrm{e}^{-\frac{(s-600)^2}{2 \times 85^2}} = 0.99$$

（4）碰撞概率

根据通过桥区水域船舶流量分析可知,桥墩遭到 1 万吨级货船碰撞的概率为:

4 号桥墩碰撞概率: $P_4 = 106/2 \times 365 \times 1.74 \times 10^{-4} \times 0.002\ 6 \times 0.81 = 0.007\ 1$

5 号桥墩碰撞概率: $P_5 = 106/2 \times 365 \times 1.74 \times 10^{-4} \times 0.003\ 3 \times 0.81 = 0.009\ 0$

6 号桥墩碰撞概率: $P_6 = 106/2/2 \times 365 \times 1.74 \times 10^{-4} \times 0.020\ 1 \times 0.99 = 0.035$

7号桥墩碰撞概率：$P_7 = 106/2/2 \times 365 \times 1.74 \times 10^{-4} \times 0.0034 \times 0.99 = 0.0057$

8号桥墩碰撞概率：$P_8 = 106/2/2 \times 365 \times 1.74 \times 10^{-4} \times 0.0589 \times 0.99 = 0.0981$

9号桥墩碰撞概率：$P_9 = 106/2/2 \times 365 \times 1.74 \times 10^{-4} \times 0.0044 \times 0.99 = 0.0073$

综上可以得到，4号、5号桥墩受上行1万吨级船舶碰撞的概率为0.0161次/年，6号、7号、8号及9号桥墩受下行1万吨级船舶碰撞的概率为0.1461次/年。

3.3.3.4 改进的AASHTO模型计算结论

采用改进后的AASHTO经典碰撞模型对1000吨级货船、1顶16船队和1万吨级货船的碰撞概率进行了计算，按桥墩统计，4号桥墩的碰撞概率为0.029次/年，5号桥墩的碰撞概率为0.0118次/年，6号桥墩的碰撞概率为0.0433次/年，7号桥墩的碰撞概率为0.0076次/年，8号桥墩的碰撞概率为0.6621次/年，9号桥墩的碰撞概率为0.0154次/年；按照船舶上下行统计，上行船舶碰撞桥墩概率为0.0408次/年，下行船舶碰撞桥墩概率为0.7284次/年，总碰撞概率为0.77次/年。根据第二章的统计结果，南京长江大桥的年统计结果为0.8次/年，改进模型与实测资料的计算结果相差在5%以内，说明改进的模型比较合理地预测了船撞桥概率。

3.4 本章小结

本章基于船舶操纵数学模型和仿真试验，综合考虑了风和流等环境条件及人为操纵船舶等因素的影响，提出了以仿真试验的船舶航迹带中心位置为均值，以试验的样本计算结果为均方差的几何概率模型，并引入停船概率，对原始的AASHTO模型进行了改进。将基于船舶操纵模拟的数学模型试验研究方法和改进的船撞桥概率计算模型应用于南京长江大桥的船撞桥概率计算。结果表明，原始的AASHTO模型计算结果远大于实测值，改进的模型比较合理地预测了船撞桥概率。本书的研究解决了以往船舶撞击桥梁概率模型未考虑人为因素影响的问题。

第4章
基于模糊数学理论的桥区水域通航风险评价

本章将在第二章分析桥区水域风险要素和第三章建立考虑驾驶者人为因素影响的船撞桥概率模型的基础上，进一步对风险要素的风险等级进行评价，从而直观地给出桥区水域的风险级别。本章将根据专家调查意见、水文气象资料收集及船舶操纵研究确定桥区水域船舶航行安全的4个一级因素和10个二级因素，利用模糊数学与层次分析法相结合的方法对桥区水域通航安全性进行定量计算，给出评价结果，并应用于南京长江大桥水域的通航风险评价。

4.1 通航风险评价方法研究

4.1.1 定性的安全评价

该方法根据经验对评判系统各方面进行分析，评价的结果是定性的指标，例如是否达到了某项指标和导致事故发生的因素等。

(1) 典型的定性安全评价方法

定性的安全评价方法有作业条件危险性评价法(LEC法)、专家现场询问观察法、安全检查表、危险可操作性研究、故障类型和影响分析等。

(2) 优缺点

定性评价方法的优点是评价过程简单，评价人员容易理解和便于掌握；缺点是依靠个人的经验，评价结果缺乏可比性。

4.1.2 常用定量安全评价

定量安全评价方法是根据大量由事故统计等方法得到的评价因子，采用一定的数学模拟计算方法，对评价系统或子系统的安全状况进行定量的计算，以数值大小表示系统的安全性。下面列出几种常见的定量安全评价方法。

4.1.2.1 模糊综合评价法

在不同程度上有某种特定性质的所有元素总和被称为模糊集合，是由于事物描述具有模糊性而用数学语言对其进行定量的描述。模糊综合评价是针对给定系统综合考虑多种因素利用模糊数学方法进行评价的方法。模糊综合评价方法一般涉及三个要素：因素集、评价集以及单(多)因素的评价。在单因素评价的基础上可以进行多因素的模糊评价。该法以其通用性强，能够处理定性与定量相结合的多因素评价系统而在许多领域得到了应用。

4.1.2.2　危险指数评价法

该法是用系统的事故指数模型，根据系统的性质和状态，采用推算的办法，得到事故的可能损失、引起事故发生或事故扩大的原因以及采取的安全措施有效性的安全评价方法。它是以物质系数为基础，考虑工艺过程中的因素如设备状况、安全装置情况、工艺条件、物料处理等的影响，计算每个单元的分值，最后按分值大小划分危险程度级别。

现行常用的危险指数评价法有：易燃、易爆、有毒重大危险源评价法，蒙德火灾、爆炸、毒性指数评价法，道化学公司火灾、爆炸危险指数评价法。该种方法存在的缺点是比较依靠经验，且安全评价结果缺乏可比性。

4.1.2.3　灰色关联评价法

关联度是指两个系统之间不同因素关联性大小的量度。系统发展变化时，如果有两个因素的变化发展趋势一致性强，那么二者关联程度较高；反之，若该两个因素的变化发展趋势一致性弱，那么二者关联程度较低。

灰色理论由邓聚龙教授于20世纪80年代首创。关于一个系统内各种因素及它们之间的关系，清楚部分被称为白色的，模糊部分被称为灰色的，该系统属于灰色系统。该方法针对数据少且很不明确的情况，利用既有资料中潜在的关联信息来白化处理，从而作出决策。"白化"的含义即将复杂或信息不足的问题转换成易处理的信息供决策者参考。灰色关联评价法对系统发展变化的态势做出了量化的度量，比较适合进行动态分析，但对系统的经验知识和规律探求不足，对制定安全措施帮助不大。

4.1.2.4　神经网络评价法

该方法依据所提供的数据，找出输出和输入之间的联系，求取评价结果，该方法不依据对系统的经验知识和规律探求，因而具有自适应的功能。人工神经网络方法是把结构和算法统一为一体，在某种程度上神经网络方法模拟了大脑的结构，具有很强的容错能力，为处理信息复杂的安全评价提供了比较好的工具。该方法的缺点是评价结果单一，评价过程处于黑箱之中且对制定安全措施帮助有限。

4.1.3 适用于通航安全评价的方法比选

表 4-1 列出了本书总结的定性与定量安全评价方法的优缺点。根据这些方法的比较,结合船舶通航的实际情况和系统特征,选择模糊综合评价法建立评价模型的基本方法比较合理。需要指出的是,以往的通航安全评价指标体系很少考虑人为影响,本书将通过基于船舶操纵数学模型的碰撞桥墩概率指标,考虑人为因素的影响,使评价指标更为全面合理。

表 4-1 各评价方法对比表

评价方法		优点	缺点
定性评价方法		评价过程简单,评价人员容易理解和便于掌握	依靠经验,带有一定的局限性;安全评价结果有差异;安全评价结果缺乏可比性
定量评价方法	危险指数评价法	操作较简单,适合大型系统	更适合单层次多指标体系,多层次指标体系合成困难
	模糊综合评价法	能够处理定性与定量相结合的多因素评价系统	指标多、层次多时人工计算较复杂
	灰色关联评价法	能够处理定性与定量相结合的多因素评价系统	指标多、层次多时人工计算复杂,不易操作,对制定安全措施帮助不大
	神经网络评价法	能够较好地解决评价中受主观因素影响的问题	评价结果单一,评价过程不明朗,不可追溯,对制定安全措施帮助有限

4.1.4 基于模糊数学的通航安全评价方法

4.1.4.1 模糊评价理论概述

描述普通集合的方法之一是采用特征函数,其特征值为 0 或者 1。但在模糊性事物中,由于根本无法断定其归属,不能用绝对的 0 或 1 来表示,因此不能用特征函数描述其归属。为描述模糊性事物的归属,假设将特征函数在闭区间 [0,1] 范围内取值,则特征函数变成 0 到 1 内一个无穷多值的连续函数,最后得到描述模糊集合的特征函数即隶属函数。

隶属函数的定义为:对于任意的 $u \in U$ 都给定了一个由 U 到闭区间 [0,1] 的映射 μ_A,即:

$$\mu_A : U \to [0,1] \tag{4-1}$$

$$u \mapsto \mu_A(u) \tag{4-2}$$

式中：$\mu_A(u)$ 是模糊子集 $\tilde{A}$ 的隶属度函数，$\mu_A(u_i)$ 则是元素对 u_i 对 $\tilde{A}$ 的隶属度。

隶属度函数的作用是把模糊集合的归属程度表示出来。关于隶属度函数的确定，可利用实践经验，通过调查和咨询专家的意见，采用不同的方法如模糊统计试验、推理方法、二元对比排序方法等。

建立模糊综合评价模型的一般程序为：

(1) 评价因素的确定；

(2) 评价因素权重的确定；

(3) 评价因素隶属度的确定；

(4) 综合评价模型的建立。

4.1.4.2　权重的确定方法

因素的权重是指该因素在整个评价系统中的相对重要程度，表示各因素在总体评价体系中所起的不同作用。权重的确定有以下几种方法。

1. 层次分析法

该方法原理简单，有数学依据，被广泛地应用于决策工作中，所用数学工具主要是矩阵运算。分为5个步骤进行：

(1) 分析所研究的系统中各评价因素之间的关系，建立递阶层次结构。

(2) 发放调查表格，进行专家咨询。

(3) 对同一层次的各元素与上一层某一准则的重要性进行两两比较，然后构造两两比较判断矩阵。

(4) 进行矩阵计算得到相对权重。

(5) 计算每一层的元素对系统目标的权重，排序。

2. 专家打分法

该方法由专家直接根据经验定出权重，具体步骤如下：

(1) 邀请评价定权值的专家成员，并向专家详细说明记权的方法。

(2) 列出每个评价因素的权值范围。

(3) 将表格发给每位参与评价的专家成员，按下述步骤(4~8)反复核对，直至没有专家成员进行变动。

(4) 每位专家成员对每个权值填上记号，得到所有因素的权值初始分数。

(5) 每位专家成员逐项比较做记号的列，如果发现有不对之处，需重新划记号,直至认为正确为止。

(6) 每个因素的评分相加,得出总数。

(7) 第(6)步求得的总数除以评价因素个数,得到每个评价因素的权重。

(8) 求得各个评价因素的平均权重。

该方法较简便易行,但受专家的主观因素影响较大。

3. 调查统计法

主要有下面两种具体的方法。

(1) 重要性打分法

要求所有被调查者分别打分,步骤如下:

①向被调查者讲清打分要求,给出打分范围。

②请被调查者按要求打分。

③收集表格进行统计,得出综合权重。

(2) 列表划勾法

事先给出权重值,制成表格。被调查者在认为合适的空格中进行打勾。样本调查数据处理时,除采用求 N 个样本的平均值作为综合结果的方法外,还可采用中间截取求均值法、模糊聚类分析求均值法及频数截取法等方法。

4. 序列综合法

该方法的权重是评价因素的定量性状指标,其思路是依据这些定量数据的大小排序给出对应分数,综合这些分数后定权值。

(1) 单定权因素排序法,即定权因素只有一个,其步骤为:

①明确定权因素的物理意义,统一度量单位,进行排序。

②根据排序结果确定分数和级别。

③根据以上分级结果定权。

(2) 多定权因素排序法,即定权因素有两个以上,其步骤为:

①明确 $K(K \geqslant 2)$ 定权因素的物理意义,统一度,按大小分别排序。

②根据排序结果确定分数和级别。

③计算每一评价因素所有序列值的和。

④归一化后得到评价因素的权值。

5. 公式法

定权因素即自变量,计算结果为权值。每个评价因素计算一次,对各个评价因素分别计算得到权值,最后将所有评价因素归一化得到结果。一般常见的公式法有:三元函数法、相关系数法、概率法等。

6. 数理统计方法

数理统计方法可用于定权。以 R 型因子分析方法定权为例介绍其定权步骤:

(1) 确定评价因素,得到实测数据阵。

(2) 求出相关系数矩阵。

(3) 再求得主因素的特征值。

(4) 由主因素的特征值求得相对权值。

(5) 相对权值进行归一化处理求取实际权值。

7. 复杂度分析法

某评价因素越复杂、变化越大,那么它对总体质量的影响也就越大。因此可据各个评价因素的复杂程度,引入复杂度概念,并在复杂度的分布归一化之后求出其权重。

经分析比较以上各方法的可操作性,结合桥区水域通航安全评价系统的特点,选择层次分析法来确定指标权重。经典层次分析法是通过两两比较的做法构造判断矩阵,此做法需要操作者自身拥有很高的专业水平或收集多方专家意见,才能保证判断矩阵的可靠度。本书在专家意见调研、收集大量的统计资料和进行船舶操纵模拟仿真实验的基础上,构造判断矩阵,以保证其可信度和可靠性。

4.1.4.3 隶属度的确定方法

模糊集中,权重表示某因素在整体评判因素集中的重要程度,体现因素间相关联程度;隶属度则代表因素对评判结果的影响程度,即体现某因素与各评价等级间的关系。在定量分析中,常用隶属度函数来计算各因素的隶属度值。

然而,模糊概念表现出来的模糊性是人对模糊现象的主观反映,鉴于隶属函数在模糊理论中的重要性,学者们进行了确定隶属函数的方法研究。具有代表性的方法有:专家评分法、二元对比法、最小模糊度法、直觉方法以及模糊统计试验法。

1. 专家评分法

该方法由专家直接根据实践经验定出隶属度,具体步骤如下:

(1) 列出每个评价因素的阈值范围,制定危险等级表。

（2）邀请确定隶属度的专家成员，发放调查表格。
（3）每位专家成员对每个因素的危险等级填上记号。
（4）每个因素的计数次数相加，得出总数。
（5）求得的总数进行归一化处理。
（6）求得各个评价因素的隶属度。

该方法较简便易行，吸取了专家的航海经验，但同时受专家的主观因素影响较大。

2. 二元对比法

二元对比法适用于根据事物的抽象性质由专家确定隶属函数的情形，是通过相关研究经验及多名专家对模糊层级的判断，确定最终隶属度函数的方法。

3. 最小模糊度法

我们经常会遇到此类的问题：对某个模糊概念的隶属度有了粗略的解，却因为同一个模糊概念可以用多个形式各不相同的隶属函数进行描述，所以有必要找到一个能够相对恰当地描述该模糊概念的隶属函数。

最小模糊度法的基本思路为：根据收集到的数据和经验知识，确定描述模糊概念的候选隶属函数，利用最小模糊度的原则计算参数，获取最合适的隶属函数。

4. 直觉法

直觉法通常用于描述人们有共识并且熟知的模糊现象，或者用于难以采集数据的模糊现象。直觉法的优点很直观——非常简单，缺点是因为包含对对象的背景、环境及语义知识的描述，所以对于相同的模糊概念，不同的人可能会建立起不相同的隶属函数。

5. 模糊统计试验法

概率论告诉我们，开展足够多次数的独立重复随机试验，随机事件发生的频率会与它的概率相等。

为确定论域 X 中的某个元素 u_0 对某个模糊概念的模糊集 A 的隶属度，需要进行 n 次重复独立的统计试验。将每次试验中判定隶属于 A 的元素构成的集合记为 A^*，将 A^* 作为模糊集 A 的弹性疆域。每次试验 $u_0 \in A^*$ 或者 $u_0 \notin A^*$，令 $u_0 \in A^*$ 的次数为 m，则称 m/n 为 u_0 对 A 的隶属频率。隶属频率的数值，就定为 u_0 对 A 的隶属度 $A(u_0)$。

综上所述，模糊概念是事物的本质属性在人头脑中的反映，由于模糊现象存在着差异性,并且决策人员在判断能力、理解能力、知识储备和实践经验等方面的水平参差不平,因此会给出不同的隶属函数。综合考虑以上各方法的操作性难易程度和计算结果客观准确程度,结合通航安全评价系统的特点,这里选择二元对比法构建隶属函数。

4.1.4.4 整体评价模型

综上所述,本文将以模糊综合评价法为框架,在进行专家调研、收集资料的基础上,采用船舶仿真模拟试验的手段,通过多层次分析法构造权重的判断矩阵,并计算各因素的隶属度,从而建立一个完整的通航安全评价模型。建模步骤如图 4-1 所示。具体的模型建立见 4.3 节。

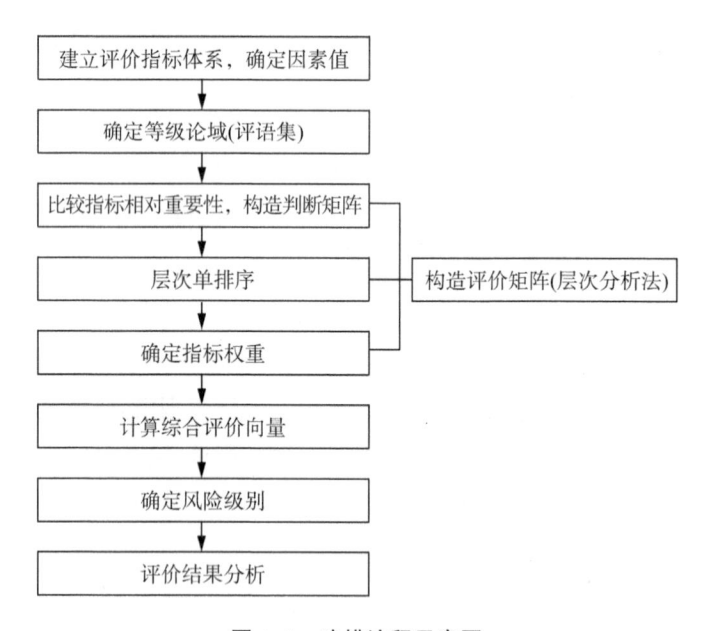

图 4-1 建模流程示意图

4.2 通航安全评价指标体系

4.2.1 影响通航安全的因素

根据第二章的研究,在船舶通航系统中,影响船舶交通安全的因素有很多。本章拟将交通条件因素、自然条件因素、桥梁因素、人为因素作为一级因素进行研究,其中桥梁因素又包括通航净宽、通航净高、桥梁选址3个二级因素,自然条件因素又包括能见度、风、流3个二级因素,管理因素又包括助航标志、VTS管理、交通流3个二级因素,人为因素影响依据第3章的研究,以船舶碰撞概率为指标进行评价。

4.2.2 通航安全评价指标体系的建立

通航安全评价指标体系由若干指标按层次构建,各指标间有的相互独立,有的相互联系、相互影响。因此,在初步筛选风险影响因素后,必须按照一定的方法和原则建立一套科学、客观的安全评价指标体系,使其涵盖所有筛选因素,并能反映各层因素间的从属关系。

通航环境中涉及的评价指标较多,在实际评价中,并非是评价指标越多越好,关键在于选择的指标在评价中所起作用的大小,其基本原则是以尽量少的主要评价指标描述系统实际情况。

在这些指标中,有些是定性分析的指标如桥梁选址等,难以具体量化,但其对安全评价至关重要,因此在实际的评价过程中需先采用定性指标加以描述,再选取合适的方法对其进行量化处理。对评价指标进行定量计算需具有一定的可操作性,通航安全评价指标的选取既要尽可能的科学、全面、系统,又要从实际出发,选择便于取得的资料和数据。

结合其他学者的研究成果,本书拟选取通航净宽、通航净高、桥梁选址、能见度、风、流、人为因素、交通流、助航标志、VTS管理因素共10个因素进行评价。

4.2.2.1 各因素评价标准

（1）通航净宽

通航净宽的大小直接约束船舶的横向活动范围,对船舶通过桥区水域通航安全有重要的影响。结合相关文献研究[151]及专家咨询的结果,确定通航净宽的危险度评价指标为通航净宽与通过桥区水域最大代表船型的宽度比值。桥梁通航净宽评价标准如表4-2所示。

表4-2 通航净宽的评价标准

危险度	低危险	较低危险	一般危险	较高危险	高危险
通航净宽/船宽	>8.0	7.0~8.0	5.0~7.0	3.0~5.0	<3.0

(2) 通航净高

船舶过桥时,若通航净高不够,船舶则会撞击桥梁的上部结构,通航净高与过桥时船舶的通航水位有关,通航净高与船高之差大于 2 m 时,船舶就处于低危险度等级。结合相关文献研究[151]及专家咨询的结果,桥梁通航净高评价标准如表 4-3 所示。

表 4-3 通航净高的评价标准

危险度	低危险	较低危险	一般危险	较高危险	高危险
富裕高度(m)	>2.0	1.5~2.0	1.0~1.5	0.5~1.0	<0.5

(3) 桥梁选址

桥梁选址是一个需要多方面考虑的问题。就通航而言,跨河桥梁需要建在平顺河段,桥区水域水流条件平缓,远离易变的洲滩;选址应避开弯道、通行控制河段、港口作业区和锚地等通航敏感水域;两座桥梁之间应有足够的安全距离。桥区航道的弯曲程度可以用弯曲半径来描述,弯曲半径越小通航安全越得不到保障;若桥区水域深槽移位,可能会导致航道移位,通航孔与航道不适应,也会导致船舶险情不断;船舶的旋回掉头即使在有拖轮的作用下,一般的旋回水域也达到船长的两倍,因此,码头距离桥梁越近,停靠码头的船舶越容易与桥梁相撞;两座相邻桥梁的轴线间距小,可能会导致船舶无法顺利摆顺船位通过第一座桥后然后通过第二座桥梁。桥梁选址评价标准如表 4-4 所示。

表 4-4 桥梁选址的评价标准

危险度	低危险	较低危险	一般危险	较高危险	高危险
桥梁选址	好	较好	一般	较差	差

(4) 能见度

能见度不良的天气主要有雾、雨、雹和雪等,其中雾的影响最大。根据统计,发生的船舶事故数量与能见距离成指数关系,其回归方程为[152]:

$$k = 90D^{-0.8} \tag{4-3}$$

式中:D 为能见度距离,单位为 km。

能见距离小于 4 km 时,对船舶航行有一定的影响;能见距离降至 1 km

时,船舶事故数量会急剧增多。一般选择能见距离在 2 km 以内的能见度不良的天数作为标准。本书也采用能见度不良(能见距离小于 2 km)的天数作为标准,能见度等级划分如表 4-5 所示,能见度评价标准如表 4-6 所示。

表 4-5 能见度等级表

等级	能见度(km)	能见度鉴定	水域可能出现的天气
0	<0.05	能见度低劣	浓雾
1	0.05~2	能见度低劣	浓雾
2	0.2~0.5	能见度低劣	大雾
3	0.5~1	能见度不良	雾
4	1~2	能见度不良	轻雾
5	2~4	能见度中等	轻雾
6	4~10	能见度中等	轻雾
7	10~20	能见度良好	雾水
8	20~50	能见度很好	雾水
9	>50	能见度极好	空气澄明

表 4-6 能见度的评价标准

危险度	低危险	较低危险	一般危险	较高危险	高危险
能见度不良天数(天/年)	<10	10~20	20~30	30~40	>40

(5) 风

在通航安全评价体系中,风的影响也较为突出。船舶在桥区水域航行时,容易发生风致船舶漂移,也会发生风致航向偏离,以及船舶操纵能力的下降。风级不同对船舶造成的影响程度不同,风越大,造成事故的几率越大。具体风的等级划分如表 4-7 所示。

相关文献[153]对风这一要素进行评判时,6 级风和台风的权重分别取 0.33 和 0.67,如果是 8 级以上的大风,其权重应低于台风。综上分析,8 级以上风对操船安全的影响值约是 6 级风的 1.5 倍,所以在选取标准风天数作为危险度评价值时,采取如下换算方法:

风的年平均标准天数=年平均 6 至 7 级风的天数+1.5×(8 级~)年平均风的天数,风评价标准如表 4-8 所示。

表 4-7　蒲福氏风级等级表

风等级	名称	相当风速(m/s)
0	无风	0.0~0.2
1	软风	0.3~1.5
2	轻风	1.6~3.3
3	微风	3.4~5.4
4	和风	5.5~7.9
5	清劲风	8.0~10.7
6	强风	10.8~13.8
7	疾风	13.9~17.1
8	大风	17.2~20.7
9	烈风	20.8~24.4
10	暴风	24.5~28.4
11	狂风	28.5~32.6
12	飓风	≥32.7

表 4-8　风的评价标准

危险度	低危险	较低危险	一般危险	较高危险	高危险
标准风天数(天/年)	<25	25~45	45~85	85~125	>125

(6) 流

在桥区水域,桥梁的承台和桥柱进入水中后会导致整个河槽的过水断面减小。由于承台尺寸较大,其位于水面之下的部分常常阻碍水流,使得承台上方的水流不畅,因此此区域容易产生壅水现象。同时,桥孔内水道变窄,水流速度会显著提升。壅水的高度受到上游水位的影响,水位越高,壅水现象越明显。此外,高水位还会导致桥孔内的流速加大。通常情况下,壅水高度越高,桥孔及其附近的流速也越大。如果桥区水域中产生了横流,其强度同样会随着流速的增大而增强。洪水期间,流速增大使得船舶更难控制,增加了航行事故的风险。因此,高流量时期特别需要注意桥区水域的航行安全。

桥梁轴线法线方向与流向交角的大小也与横流的强弱有关,交角越大,横流作用越明显,交角越小,在同样的流速条件下横流越小。从船舶过桥发生事故的分析结果看,大多都是横流的影响使船舶发生漂移,同时在船舶方向上横流大小不一导致船舶发生偏转最终导致船舶碰撞桥墩事故的发生。

综上,流对于桥区船舶航行的影响主要表现在流速、流向两个方面,最后反映到横流的大小上。根据《内河通航标准》,当横向流速大于 0.3 m/s 时,桥梁通航净宽需要在标准的基础上加宽,当横向流速大于 0.8 m/s 时,需要一跨跨过通航水域,根据《海港总体设计规范》[154],航道的宽度根据横流的大小范围采用不同的参数,横流的分级范围分别为＜0.1、0.1～0.25、0.25～0.75、0.75～1.0(单位 m/s)共 5 级。因此,本书参照规范做法,并咨询相关专家和参考文献研究,确定表 4-9 作为评价指标来反映流的危险度。

表 4-9　流的评价标准

危险度	低危险	较低危险	一般危险	较高危险	高危险
流速(m/s)	＜1	1～2	2～3	3～4	＞4
横流(m/s)	＜0.1	0.1～0.3	0.3～0.5	0.5～0.8	＞0.8

(7) 人为因素

人为因素的影响根据驾驶员操船通过桥区水域时的撞桥概率来考虑,借鉴国际海事组织(IMO)船舶事故概率的评价标准[155],人为因素的评价指标如表 4-10 所示。

表 4-10　人为因素的评价标准

危险度	低危险	较低危险	一般危险	较高危险	高危险
船桥相撞事故概率	$<10^{-5}$	10^{-5}～10^{-3}	10^{-3}～0.1	0.1～10	＞10

(8) 导助航标志

导助航标志配布不完备或者损坏,对船舶航行的影响很大,但与其他因素相比,该因素难于定量描述。参考其他研究成果,本书以导助航标志的完善率作为评价导助航标志的标准,主要指以下两点:

①桥区水域航道的浮标数量应该充足,配备需合理,易于辨别;

②桥梁上是否有清晰的可以起到助航作用的桥涵标。

导助航标志的评价标准如表 4-11 所示。

表 4-11　导助航标志的评价标准

危险度	低危险	较低危险	一般危险	较高危险	高危险
助航标志完备率	很好	较好	一般	较差	很差

(9) VTS管理(船舶交通管理系统)

船舶的航行行为受到船舶交通管理中心的管制,船舶交通管理中心通过规范船舶的航行行为、船舶的航行秩序以降低船舶事故的发生率。船舶交通管理中心还提供服务功能,可为区域内的船舶提供天气、通航等信息。通航安全管理规章制度可以使得船舶航行行为趋于一致性、规范性,也可以降低事故的发生率,譬如确定通航孔的上下行。对此项指标进行量化很困难,参考其他研究成果,本书制定的评价标准如表4-12所示。

表4-12 VTS管理的评价标准

危险度	低危险	较低危险	一般危险	较高危险	高危险
VTS管理完备率	很好	较好	一般	较差	很差

(10) 船舶交通流

船舶交通流密度体现的是一个水域船舶交通状况的最基本度量。船舶交通密度越大,交通越拥挤,安全程度越低,水域环境和管理程度要求则更高。根据我国学者对长江水域船舶交通流密度风险的分析,船舶交通流的评价标准如表4-13所示。

表4-13 船舶交通流的评价标准

危险度	低危险	较低危险	一般危险	较高危险	高危险
交通流(艘次/天)	<240	240~500	500~800	800~1 000	>1 000

4.2.2.2 评价指标体系

综上所述,得出本次研究的评价指标体系及隶属关系如图4-2所示。

4.3 通航安全模糊综合评价模型的建立

4.3.1 建立因素集

如4.2节所述,在桥区水域船舶航行系统中,影响船舶交通事故发生的重要因素有:桥梁因素、自然条件因素、交通流因素、管理因素等。设通航安全评价的因素集合为论域A,$A =$(桥梁因素A_1,自然条件因素A_2,人为因素A_3,交通条件因素A_4),其中,A_1、A_2、A_3及A_4构成评价系统的一级因素指标层。

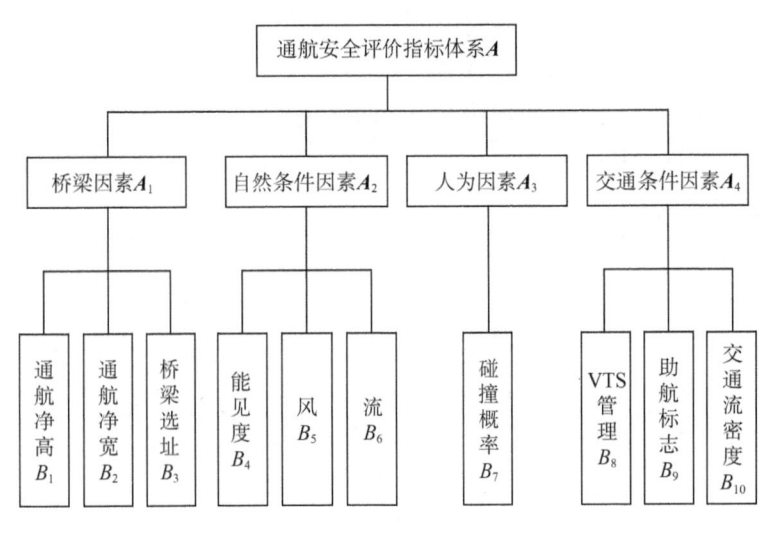

第4章 基于模糊数学理论的桥区水域通航风险评价

图 4-2 评价指标体系结构树

A_1=(净空宽度B_1,净空高度B_2,桥梁选址B_3),A_2=(能见度B_4,风B_5,流B_6),A_3=(人为因素B_7),A_4=(VTS管理B_8,助航标志B_9,船舶交通流密度B_{10}),其中,B_1,B_2,…,B_{10}构成评价系统的二级因素指标层体系。

4.3.2 确定评价集

评价集是由评价对象出现的各种可能结果所组成的集合。一般来说,评判等级划分得越细致,评价的准确程度越高,但相应的评价过程也越繁琐,并越难以掌握与操作;若评判等级划分得过于简单,评判结果就会有一定的误差。因此,本书参考国内外常用的评价等级划分方法,将评价集划分为5个等级,即 $V=(v_1,v_2,v_3,v_4,v_5)=(1,2,3,4,5)$,可理解为($v_1$,$v_2$,$v_3$,$v_4$,$v_5$)依次以"低危险""较低危险""一般危险""较高危险""高危险"来表示通航评价的危险等级,这里的(1,2,3,4,5)不是确值,实际表示的是模糊数,目的是便于对评语进行量化处理,在实际应用中也可用其他任意表征数替代。

4.3.3 建立权重评价的矩阵

4.1节已介绍了很多权重的确定方法,如层次分析法、调查统计法、专家打分法、数理统计法、序列综合法、复杂度分析法等。本书结合桥区水域通航安全系统特点,选用层次分析法确定权重。在参考专家意见(见附录调查表)、收集相关实测资料的基础上,构造判断矩阵,保证其可信度和可靠性。

(1) 从层次结构模型的一级因素指标层开始,用1~9比较尺度法构造两两比较矩阵,如表4-14所示。

表4-14 比较尺度示意表

标度	含义
1	两个因素相比较,同等重要
3	两个因素相比较,前一个比后一个稍重要
5	两个因素相比较,前一个比后一个重要
7	两个因素相比较,前一个比后一个重要得多
9	两个因素相比较,前一个比后一个极其重要
2,4,6,8	介于上述两个相邻判断的中值
1/3	两个因素相比较,前一个比后一个稍次要
1/5	两个因素相比较,前一个比后一个次要
1/7	两个因素相比较,前一个比后一个很次要
1/9	两个因素相比较,前一个比后一个极其次要
1/2,1/4,1/6,1/8	介于上述两个相邻判断的中值

(2) 根据表4-14,对 n 个因素 $A_1,A_2,\cdots,A_n(i=1,2,\cdots,n)$ 两个两个地进行比较,得到判断矩阵 U 。

$$U = \begin{bmatrix} u_{11} & u_012 & \cdots & u_{1n} \\ u_{21} & u_{22} & \cdots & u_{2n} \\ \vdots & \cdots & \ddots & \vdots \\ u_{n1} & u_{n2} & \cdots & u_{nn} \end{bmatrix} \quad (4\text{-}4)$$

(3) 计算组合权重,并进行一致性检验。

得到判断矩阵后,需进一步计算各因素的相对权值。采用"和积法"来计算矩阵的特征值。

①将矩阵 A 按列进行归一化处理：

$$h_{ij}=\frac{u_{ij}}{\sum\limits_{i=1}^{n}u_{ij}}(i,j=1,2,\ldots,n) \tag{4-5}$$

②将判断矩阵按行相加：

$$W_i=\sum_{j=1}^{i}h_{ij} \tag{4-6}$$

③将得到的和向量归一化，可得权重向量 $\overline{W}$，其元素表示为：

$$\overline{W}_i=\frac{W_i}{\sum\limits_{i=1}^{n}W_i}(i=1,2,\ldots,n) \tag{4-7}$$

④计算判断矩阵最大特征根 $\lambda_{\max}$：

$$\lambda_{\max}=\sum_{i=1}^{n}\frac{(A\overline{W})_i}{n\overline{W}_i} \tag{4-8}$$

求得最大特征根 $\lambda_{\max}$ 后，需进行一致性检验，以保证评判在逻辑上的一致性，这是保证评价结论可靠的必要条件。

⑤进行一致性检验

首先需要计算一致性指标 CI，然后计算一致性比率 CR，一致性指标 CI 的计算公式如下：

$$CI=\frac{\lambda_{\max}-n}{n-1} \tag{4-9}$$

当判断矩阵 A 具有完全一致性时，$CI=0$，$\lambda_{\max}=n$。$\lambda_{\max}-n$ 越大，CI 越大，矩阵的一致性越高。因此，当 A 对一致性偏离不大时，$\lambda_{\max}$ 稍大于 n。为了检查判断矩阵是否具有很好的一致性，需要计算一致性比率 CR：

$$CR=\frac{CI}{RI} \tag{4-10}$$

式中：RI 为平均随机一致性指标。3～15 阶判断矩阵的 RI 如表 4-15 所示[78]：

表 4-15　3~15 阶判断矩阵的 RI 取值参照表

	3	4	5	6	7	8	9
RI	0.52	0.89	1.12	1.26	1.36	1.41	1.46
	10	11	12	13	14	15	
RI	1.49	1.52	1.54	1.56	1.58	1.59	

若 $CR<0.1$,所得判断矩阵可以接受;否则需对 A 加以调整,重新计算。

(4) 确定二级因素指标层权重集

通过重复步骤(1)至步骤(3),可得到二级因素指标在各个一级因素指标中的权重,再结合各个一级因素指标的权重,便可得到各个二级因素在系统中的权重,这样得到的排序被称为层次的总排序。

(5) 计算结果

分析专家调查资料,参考已有相关研究成果中的调查分析数据,计算得到如下桥区水域通航安全指标体系权重值。

$A=(A_1,A_2,A_3,A_4)$ 的权重集为:

$$W=(0.446,0.29,0.171,0.093) \qquad (4-11)$$

$A_1=(B_1,B_2,B_3)$ 的权重集为:

$$W_1=(0.187,0.119,0.076) \qquad (4-12)$$

$A_2=(B_4,B_5,B_6)$ 的权重集为:

$$W_2=(0.085,0.047,0.155) \qquad (4-13)$$

$A_3=(B_7)$ 的权重集为:

$$W_3=(0.128) \qquad (4-14)$$

$A_4=(B_8,B_9,B_{10})$ 的权重集为:

$$W_4=(0.022,0.011,0.06) \qquad (4-15)$$

接下来进行一致性检验,A、A_1、A_2、A_3、A_4 的对应 CI 值、CR 值如表 4-16 所示。可知,各权重矩阵的 CR 值均小于 0.1,判断矩阵具有一致性,判断结果可信。将上述计算结果列于表 4-17 中。

表 4-16　一致性检验计算表

	A	A_1	A_2	A_3	A_4
CI 值	0.031	0.049	0.005	—	0.002
RI	0.89	0.52	0.52	—	0.52
CR 值	0.034	0.094	0.009	—	0.004

表 4-17　通航安全评价指标组合权重计算表

二层次	一层次 A_1	A_2	A_3	A_4	二层次组合权重
	0.446	0.290	0.171	0.093	
B_1	0.339	0.000	0.000	0.000	0.151
B_2	0.072	0.000	0.000	0.000	0.032
B_3	0.589	0.000	0.000	0.000	0.263
B_4	0.000	0.162	0.000	0.000	0.047
B_5	0.000	0.309	0.000	0.000	0.090
B_6	0.000	0.529	0.000	0.000	0.154
B_7	0.000	0.000	1.000	0.000	0.171
B_8	0.000	0.000	0.000	0.238	0.022
B_9	0.000	0.000	0.000	0.121	0.011
B_{10}	0.000	0.000	0.000	0.641	0.060

根据上表,可以得到二级因素指标权重的总排序,如表 4-18 所示。

表 4-18　通航安全影响程度权重表

序号	二级因素	指标因素	权重
1	B_3	桥梁选址	0.263
2	B_7	人为因素	0.171
3	B_6	流速	0.154
4	B_1	通航净宽	0.151
5	B_5	风	0.090
6	B_{10}	交通流	0.06
7	B_4	能见度	0.047

续表

序号	二级因素	指标因素	权重
8	B_2	通航净高	0.032
9	B_8	VTS管理	0.022
10	B_9	助航设施	0.011

4.3.4 建立隶属度决策矩阵

(1) 建立隶属度模糊子集

隶属度模糊集就是将决策人员根据经验以及判断准则和方法得到的各个因素的具体指标与5个程度等级之间的对应关系,实现单因素等级的综合判断。对于每一个评判对象来说,其不同的因素指标具备各自不同的优劣水平,不同的优劣水平隶属于的程度等级也不相同。就本评价模型来说,评价对象越优,隶属于安全评价等级的程度就越高。

因此,根据相关研究、专家调研与概率分布的规律,运用专家评分法构造出隶属度模糊集表。经整理分析,确定的隶属度模糊子集如表4-19至表4-28所示,表内的1、2、3、4、5由低到高依次表示危险等级。

表4-19 通航净宽隶属度模糊子集表

指标	等级				
	1	2	3	4	5
>8.0	0.9	0.1	0	0	0
7.0~8.0	0.3	0.6	0.1	0	0
5.0~7.0	0	0.2	0.6	0.2	0
3.0~5.0	0	0	0.1	0.6	0.3
<3.0	0	0	0	0.2	0.8

表4-20 通航净高隶属度模糊子集表

指标	等级				
	1	2	3	4	5
>2.0	0.8	0.2	0	0	0
1.5~2.0	0.3	0.6	0.1	0	0

续表

指标	等级				
	1	2	3	4	5
0.8~1.5	0	0.2	0.6	0.2	0
0.2~0.8	0	0	0.2	0.6	0.2
<0.2	0	0	0	0.2	0.8

表 4-21　桥址选择隶属度模糊子集表

指标	等级				
	1	2	3	4	5
好	0.9	0.1	0	0	0
较好	0.3	0.6	0.1	0	0
一般	0	0.2	0.6	0.2	0
较差	0	0	0.2	0.6	0.2
差	0	0	0	0.2	0.8

表 4-22　能见度隶属度模糊子集表

指标	等级				
	1	2	3	4	5
15 以下	0.8	0.2	0	0	0
15~25	0.3	0.6	0.1	0	0
25~35	0	0.2	0.6	0.2	0
35~45	0	0	0.1	0.6	0.3
45 以上	0	0	0	0.2	0.8

表 4-23　大风隶属度模糊子集表

指标	等级				
	1	2	3	4	5
30 天以下	0.8	0.2	0	0	0
30~60 天	0.2	0.6	0.2	0	0
60~100 天	0	0.2	0.6	0.2	0
100~150 天	0	0	0.2	0.6	0.2
150 天以上	0	0	0	0.2	0.8

表 4-24 水流条件隶属度模糊子集表

指标	等级				
	1	2	3	4	5
好	0.9	0.1	0	0	0
较好	0.4	0.6	0	0	0
一般	0	0.2	0.6	0.2	0
较差	0	0	0.1	0.6	0.3
差	0	0	0	0.1	0.9

表 4-25 人为因素隶属度模糊子集表

指标	等级				
	1	2	3	4	5
$<10^{-5}$	0.9	0.1	0	0	0
$10^{-5} \sim 10^{-3}$	0.3	0.6	0.1	0	0
$10^{-3} \sim 0.1$	0	0.2	0.6	0.2	0
$0.1 \sim 10$	0	0	0.1	0.6	0.3
>10	0	0	0	0.1	0.9

表 4-26 助航条件隶属度模糊子集表

指标	等级				
	1	2	3	4	5
很好	0.8	0.2	0	0	0
较好	0.2	0.6	0.2	0	0
一般	0	0.2	0.6	0.2	0
较差	0	0	0.2	0.6	0.2
很差	0	0	0	0.2	0.8

表 4-27 VTS 管理隶属度模糊子集表

指标	等级				
	1	2	3	4	5
很好	0.9	0.1	0	0	0
较好	0.2	0.7	0.1	0	0
一般	0	0.3	0.6	0.1	0

续表

指标	等级				
	1	2	3	4	5
较差	0	0	0.2	0.6	0.2
很差	0	0	0	0.2	0.8

表 4-28　交通密集程度隶属度模糊子集表

指标	等级				
	1	2	3	4	5
<240	0.9	0.1	0	0	0
240～500	0.3	0.6	0.1	0	0
500～800	0	0.2	0.6	0.2	0
800～1 000	0	0	0.2	0.6	0.2
>1 000	0	0	0	0.2	0.8

(2) 隶属度决策矩阵

根据所研究的桥区水域各因素的取值结果和各因素隶属度子集表，可以得到隶属度决策矩阵。

桥区水域通航风险评价一级指标因素 A_1、A_2、A_3、A_4 的隶属度决策矩阵为：

$$\boldsymbol{R}_i = \begin{bmatrix} r_{11} & r_{12} & \cdots & r_{1m} \\ r_{21} & r_{22} & \cdots & r_{2m} \\ \vdots & \cdots & \ddots & \vdots \\ r_{n1} & r_{n2} & \cdots & r_{nm} \end{bmatrix} \qquad (4\text{-}16)$$

式中：$i=1,2,3,4$；$m=5$；n 为各一级指标因素中的因素数。

桥区水域通航风险评价二级指标的隶属度决策矩阵为：

$$\boldsymbol{R} = \begin{bmatrix} r_{11} & r_{12} & \cdots & r_{1m} \\ r_{21} & r_{22} & \cdots & r_{2m} \\ \vdots & \cdots & \ddots & \vdots \\ r_{n1} & r_{n2} & \cdots & r_{nm} \end{bmatrix} \qquad (4\text{-}17)$$

式中：$m=5$；$n=10$。

4.3.5 建立综合评价模型

针对多层次评判对象,对每个一级评价指标 A_i,计算得到一级评价因素 A_i 的隶属度 R'_i:

$$R'_i = W_i \circ R_i \tag{4-18}$$

式中:"$\circ$"表示矩阵乘法;$i=1,2,3,4$;W_i 为由式(4-11)~式(4-14)确定的权重值。

根据由一级评价指标的综合评价向量 A_i 和式(4-10)确定的权重值,计算得出最终的通航安全综合评价结果:

$$M = W \circ R' = (m_1, m_2, m_3, m_4, m_5) \tag{4-19}$$

求出的模糊综合评价的结果是一个向量,采用反模糊化方法确定最终的评价结果。采用加权平均法,得到评价结果,即:

$$k = \frac{\sum_{j=1}^{5} m_j v_j}{\sum_{j=1}^{5} m_j} \tag{4-20}$$

得到的 k 为设置评语集范围之间的一个数(式中采用本次研究所选用的表征数 1~5),此值即评价对象的通航安全风险评价等级。

4.4 评价模型在南京长江大桥通航安全评价中的应用

为验证综合评价模型的可行性和可信度,使模型真正应用于实际工程中,这里以南京长江大桥为例,利用实测、设计数据,带入评价模型进行计算,同时与其他已有研究进行比较验证。

南京长江大桥通航孔跨度为 160 m,通航净宽为 144 m,通过水域的最大船队宽度为 64.8 m,通航净高为 24 m,标准风天数为 25 天,能见度不良天数为 17 天,船舶撞击桥梁概率为 0.8 次/年,洪水期流速为 3.18 m/s,横流为 0.2 m/s,桥区水域航道的浮标数量充足,桥航标完备,并处于 VTS 的监控之内,经整理和计算,确定影响桥区水域船舶通航安全的各因素的取值如表 4-29 所示。

表 4-29　工程水域通航风险评价指标取值表

指标	数值
通航净宽/船宽	2.2
通航净高富裕高度	0.1
桥梁选址	一般
能见度不良天数(天/年)	17
标准风天数(天/年)	25
流速(m/s)	3.18
横流(m/s)	0.2
人为因素(撞桥概率)	0.8
交通流密度(艘次/天)	1 387
助航标志	很好
VTS管理	很好

将上表中各数值带入模型计算。首先,确定各二级评价指标的隶属度向量如下:

$$\boldsymbol{R} = \begin{bmatrix} \boldsymbol{R}_1 \\ \boldsymbol{R}_2 \\ \boldsymbol{R}_3 \\ \boldsymbol{R}_4 \\ \boldsymbol{R}_5 \\ \boldsymbol{R}_6 \\ \boldsymbol{R}_7 \\ \boldsymbol{R}_8 \\ \boldsymbol{R}_9 \\ \boldsymbol{R}_{10} \end{bmatrix} = \begin{bmatrix} 0 & 0 & 0 & 0.2 & 0.8 \\ 0 & 0 & 0 & 0.2 & 0.8 \\ 0 & 0.2 & 0.6 & 0.2 & 0 \\ 0.3 & 0.6 & 0.1 & 0 & 0 \\ 0.8 & 0.2 & 0 & 0 & 0 \\ 0 & 0 & 0.1 & 0.6 & 0.3 \\ 0 & 0 & 0.1 & 0.3 & 0.3 \\ 0.9 & 0.1 & 0 & 0 & 0 \\ 0.8 & 0.2 & 0 & 0 & 0 \\ 0 & 0 & 0 & 0.2 & 0.8 \end{bmatrix} \quad (4\text{-}21)$$

接着,根据由式(4-11)～式(4-14)确定的各一级指标因素的权重 W_i,计算得到一级评价指标 $\boldsymbol{A}_i$ 的隶属度 $\boldsymbol{R}_i'$:

$$R'_1 = W_1 \circ R_1$$
$$= [0.151 \quad 0.032 \quad 0.263] \circ \begin{bmatrix} 0 & 0 & 0 & 0.2 & 0.8 \\ 0 & 0 & 0 & 0.2 & 0.8 \\ 0 & 0.2 & 0.6 & 0.2 & 0 \end{bmatrix}$$
$$= [0 \quad 0.053 \quad 0.158 \quad 0.089 \quad 0.146] \tag{4-22}$$

$$R'_2 = W_2 \circ R_2$$
$$= [0.162 \quad 0.309 \quad 0.529] \circ \begin{bmatrix} 0.3 & 0.6 & 0.1 & 0 & 0 \\ 0.8 & 0.2 & 0 & 0 & 0 \\ 0 & 0 & 0.1 & 0.6 & 0.3 \end{bmatrix}$$
$$= [0 \quad 0.296 \quad 0.159 \quad 0.317 \quad 0.159] \tag{4-23}$$

$$R'_3 = W_3 \circ R_3$$
$$= [0.171] \circ [0 \quad 0 \quad 0.1 \quad 0.6 \quad 0.3]$$
$$= [0 \quad 0 \quad 0.017 \quad 0.103 \quad 0.051] \tag{4-24}$$

$$R'_4 = W_4 \circ R_4$$
$$= [0.022 \quad 0.011 \quad 0.06] \circ \begin{bmatrix} 0.9 & 0.1 & 0 & 0 & 0 \\ 0.8 & 0.2 & 0 & 0 & 0 \\ 0 & 0 & 0 & 0.2 & 0.8 \end{bmatrix}$$
$$= [0.029 \quad 0.004 \quad 0 \quad 0.012 \quad 0.048] \tag{4-25}$$

$$R' = [R'_1 \quad R'_2 \quad R'_3 \quad R'_4]^T \tag{4-26}$$

最后,根据式(4-26)的权重值,计算得南京长江大桥桥区水域通航安全综合评价结果为:

$$M = W \circ R'$$
$$= [0.446 \quad 0.298 \quad 0.171 \quad 0.093] \circ \begin{bmatrix} 0 & 0.053 & 0.158 & 0.089 & 0.146 \\ 0.296 & 0.159 & 0.069 & 0.317 & 0.159 \\ 0 & 0 & 0.017 & 0.103 & 0.051 \\ 0.029 & 0.004 & 0 & 0.012 & 0.048 \end{bmatrix}$$
$$= [0.088 \quad 0.07 \quad 0.093 \quad 0.15 \quad 0.125]$$
$$\tag{4-27}$$

根据上述计算结果,用加权平均法对结果 A 进行处理,以 $V = (1,2,3,4,5)$ 分别代表危险程度的"低危险""较低危险""一般危险""较高危险""高危险"。依式(4-27)加权平均得到评价结果值为3.29,处于"一般危险"和"较高危险"之间,大连海事大学崔国平[156]在未考虑人为因素的情况下利用模糊评价方法计算了枯水期风险概率值为 3.15、洪水期风险概率值为 3.65,与本研究对该水域通航风险的评价结果基本相当。

$$k = \frac{\sum_{j=1}^{5} m_j v_j}{\sum_{j=1}^{5} m_j} = 3.29 \quad (4-28)$$

为了解各一级评价指标对风险度评价的贡献大小,分别对 R'_1、R'_2、R'_3、R'_4 进行加权平均计算,得到结果如表 4-30 所示。

表 4-30 风险值计算表

桥梁因素风险值 k_1	自然条件因素风险值 k_2	人为因素风险值 k_3	交通条件因素风险值 k_4
3.74	2.88	4.2	3.5

桥梁因素的评价值处于"一般危险"和"较高危险"之间;自然条件的评价值处于"一般危险"和"较低危险"之间;人为因素的评价值处于"较高危险"和"高危险"之间;交通条件因素的评价值处于"一般危险"和"较高危险"之间。

4.5 本章小结

本章比较了不同通航风险评价方法的优缺点,选取了桥梁因素、自然条件因素、人为因素、交通因素这 4 个一级因素和 10 个二级因素,采用模糊数学理论,在参考专家咨询意见、收集实测资料的基础上建立了通航风险评价模型。由桥区水域船舶通航风险评价结果可以看出,桥梁因素在风险评价中所占的权重较大,主要因素为桥梁选址和通航净宽,因此,在桥梁设计阶段做好桥梁选址工作及通航净宽的论证是十分有必要的。用该模型对南京长江大桥水域通航风险进行评价,结果表明,南京长江大桥桥区水域的通航风险评价值在"一般危险"和"较高危险"之间,本书研究结果与其他学者对该水域通航风险的评价结果基本相当。本书中的人为因素评价采用船撞桥概率这一指标并进行量化,解决了通航风险评价中很少考虑人为因素且量化不足的问题。

第 5 章
通航风险评价在桥梁通航设计中的应用

如前文所述,桥梁因素、环境因素、船舶因素和人为因素均会影响到桥区水域通航安全。桥梁的设计寿命一般在百年以上,因此必须在设计阶段就对桥区船舶通航进行研究,令通航要求与远期航运规划相适应,需考虑远期船型的发展。通过对已建桥梁桥区水域船舶通航风险的研究,对通航安全起主要作用的桥梁设计因素主要包括桥址选择、通航净宽和通航净高。本章主要从桥梁设计出发,首先给出桥址选择、通航净宽及通航净高的确定原则,然后以李埠、长江、公铁大桥的工程实例来论述这3个参数的确定,进行通航仿真模拟试验计算碰撞概率,最后进行通航风险评价。

5.1 桥址选择

桥址选择是一个十分复杂的问题,根据第2章的研究,易发事故的桥梁特征是桥梁选址在弯道、滩险的位置,通航水流条件恶劣,譬如黄石长江公路大桥的选址教训;桥址位置的航道需要稳定,譬如荆州长江大桥的选址教训;另外,桥址也要与码头和锚地有足够远的安全距离。结合相关规范、研究及工程实例,桥梁选址需要遵循以下4条基本原则。

(1) 桥梁应建在河床或海床稳定、水深充裕和水流条件良好的顺直河段,并远离易变的洲滩[39]。在洲滩易变的河段及枢纽回水变动段、河床变化复杂的海域修改建桥梁工程,应开展对河床或海床演变的分析,当桥墩建设对河床和海床变化、水沙条件有较大影响时,应开展对模型试验研究。

(2) 桥梁应避开通行控制河段、弯道、分流口和汇流口等敏感水域[39]。关于桥梁避开以上敏感水域的距离,桥梁在航道下游时须大于船队长度的4倍,桥梁在航道上游时须大于船队长度的2倍。

(3) 关于桥梁与码头的间距,桥梁在码头下游时须大于码头设计船型长度的4倍,桥梁在码头上游时须大于码头设计船型长度的2倍。

(4) 两座相邻桥梁的轴线间距应足够大,满足船舶调顺然后对准桥孔航行的要求。

当不能满足以上4条经验时,应采取切实的安全保障措施,保证船舶和桥梁的安全通航。

5.2 桥梁通航净空高度

(1)《海轮航道通航标准》的方法

根据《海轮航道通航标准》,通航净空高度数值为代表船型空载水线以上至最高固定点高度与富裕高度之和[88]。起算面为设计最高通航水位。在通航海轮的内河水域,富裕高度取 2 m。

在确定代表船型时,需要确定规划航道的代表船型,以保障桥梁净空高度与未来船型的适应性。

(2)《内河通航标准》的方法

参照 2014 的《内河通航标准》,根据航道的等级和代表船型直接给出了桥梁净空高度的最小要求,如表 5-1 所示。

表 5-1 内河通航标准天然和渠化河流通航净空高度 单位:m

航道等级	代表船队	通航净高 净高	通航净高 侧高
Ⅰ	(1)4 排 4 列	24	7
Ⅰ	(2)3 排 3 列	18	7
Ⅰ	(3)2 排 2 列	18	8
Ⅱ	(1)3 排 3 列	18	6
Ⅱ	(2)2 排 2 列	18	8
Ⅱ	(3)2 排 1 列	10	6
Ⅲ	(1)3 排 2 列	10	6
Ⅲ	(2)2 排 2 列	10	6
Ⅲ	(3)2 排 1 列	10	6
Ⅳ	(1)3 排 2 列	8	4
Ⅳ	(2)2 排 2 列	8	4
Ⅳ	(3)2 排 1 列	8	5
Ⅳ	(4)货船	8	5
Ⅴ	(1)2 排 2 列	8	4.5
Ⅴ	(2)2 排 1 列	8	5.5
Ⅴ	(3)货船	8	5.5

续表

航道等级	代表船队	通航净高	
		净高	侧高
Ⅵ	(1)1拖5	4.5	2.4
	(2)货船	6	4
Ⅶ	(1)1拖5	3.5	2.8
	(2)货船	4.5	2.8

(3) 长江干线通航标准的方法

根据《长江干线通航标准》第5.2.3条规定,长江干线桥梁通航净空高度应满足表5-2中所示要求。

表5-2 长江干线桥梁通航净空高度　　　　　　　　　　单位:m

序号	河段	最小净空高度
1	长江口至江阴大桥	62
2	江阴大桥至南京长江二桥	50
3	南京长江二桥至铜陵长江大桥	32
4	铜陵长江大桥至武汉长江二桥	24
5	武汉长江二桥至三峡大坝	18
6	三峡大坝至重庆小南海	24
7	重庆小南海至云南水富	18

5.3 桥梁净空宽度

5.3.1 基于设计规范的净空宽度

根据《内河通航标准》,桥梁的通航净空宽度不应小于表5-3中所列数值,当桥梁轴线的法线方向与水流流向的夹角不大于5°时,通航净宽可按公式(5-1)~公式(5-3)计算,其中的下行偏航距如表5-4所示。当桥梁轴线的法线方向与水流流向的交角大于5°且横向流速大于0.3 m/s时,通航净宽的加宽值如表5-5所示。在计算通航净空宽度时,需要考虑桥梁承台与通航净空的关系，若承台宽度影响船舶通航，则需要减去承台的影响宽度。

通航净宽计算公式如下：

$$B_{m1} = B_F + \Delta B_m + P_d \tag{5-1}$$

$$B_{m2} = 2B_F + b + \Delta B_m + P_d + P_u \tag{5-2}$$

$$B_F = B_s + L\sin\beta \tag{5-3}$$

式中：B_{m1} 为单孔单向通航净宽；B_F 为船舶或船队航迹带宽度；ΔB_m 为船舶或船队与两侧桥墩间的富裕宽度；P_d 为下行船舶或船队偏航距，按表5-4取值；B_{m2} 为单孔双向通航净宽；b 为上下行船舶或船队会船时的安全距离，取 $b = B_s$；P_u 为上行船舶或船队偏航距，取 $P_u = 0.85P_d$；B_F 为船舶或船队总宽；L 为船舶或船队总长；β 为船舶或船队航行漂角（°），Ⅰ～Ⅴ级航道可取6°。

表5-3 天然河流航道横水上过河建筑物通航净空宽度　　　　单位：m

航道等级	代表船队	单向通航孔 净宽	单向通航孔 上底宽	双向通航孔 净宽	双向通航孔 上底宽
Ⅰ	(1)4排4列	200	150	400	350
Ⅰ	(2)3排3列	160	120	320	280
Ⅰ	(3)2排2列	110	82	220	192
Ⅱ	(1)3排3列	145	108	290	253
Ⅱ	(2)2排2列	105	78	210	183
Ⅱ	(3)2排1列	75	56	150	131
Ⅲ	(1)3排2列	100	75	200	175
Ⅲ	(2)2排2列	75	56	150	131
Ⅲ	(3)2排1列	55	41	110	96
Ⅳ	(1)3排2列	75	61	150	136
Ⅳ	(2)2排2列	60	49	120	109
Ⅳ	(3)2排1列	45	36	90	81
Ⅳ	(4)货船	45	36	90	81
Ⅴ	(1)2排2列	55	44	110	99
Ⅴ	(2)2排1列	40	31	80	72
Ⅴ	(3)货船	40	31	80	72

续表

航道等级	代表船队	单向通航孔		双向通航孔	
		净宽	上底宽	净宽	上底宽
Ⅵ	(1)1拖5	25	18	40	33
	(2)货船	25	18	40	33
Ⅶ	(1)1拖5	20	15	32	27
	(2)货船	20	15	32	27

表 5-4 各级横向流速下船舶下行偏航距　　　　　　　　　　单位：m

航道等级	代表船舶、船队	下行偏航距		
		横向流速		
		0.1 m/s	0.2 m/s	0.3 m/s
Ⅰ	(1)4排4列	10	25	40
	(2)3排3列	10	20	35
	(3)2排2列	10	20	30
Ⅱ	(1)3排3列	10	20	35
	(2)2排2列	10	20	30
	(3)2排1列	10	15	20
Ⅲ	(1)3排2列	10	20	30
	(2)2排2列	10	15	20
	(3)2排1列	8	10	15
Ⅳ	(1)3排2列	10	15	20
	(2)2排2列	8	10	15
	(3)2排1列	8	10	15
	(4)货船	8	10	15
Ⅴ	(1)2排2列	8	10	15
	(2)2排1列	8	10	15
	(3)货船	8	10	15
Ⅵ	(1)1拖5	8	10	15
	(2)货船	8	8	10
Ⅶ	(1)1拖5	5	8	8
	(2)货船	5	8	8

表 5-5　各级横向流速下单向通航净宽增加值表　　　　　单位:m

航道等级	代表船舶、船队	下行偏航距				
^	^	横向流速				
^	^	0.4 m/s	0.5 m/s	0.6 m/s	0.7 m/s	0.8 m/s
Ⅰ	(1)4排4列	30	60	90	115	140
^	(2)3排3列	25	45	65	90	115
^	(3)2排2列	20	35	55	70	90
Ⅱ	(1)3排3列	25	45	60	75	95
^	(2)2排2列	20	35	50	65	80
^	(3)2排1列	20	30	45	60	70
Ⅲ	(1)3排2列	20	35	50	65	80
^	(2)2排2列	20	30	40	55	70
^	(3)2排1列	15	25	40	50	65
Ⅳ	(1)3排2列	15	30	45	55	70
^	(2)2排2列	15	25	35	45	55
^	(3)2排1列	15	25	35	45	55
^	(4)货船	15	25	35	45	55
Ⅴ	(1)2排2列	15	20	25	30	40
^	(2)2排1列	15	20	25	30	40
^	(3)货船	15	20	25	30	40
Ⅵ	(1)1拖5	8	18	28	33	38
^	(2)货船	8	18	28	33	38
Ⅶ	(1)1拖5	8	13	23	28	33
^	(2)货船	8	13	23	28	33

当地形条件复杂存在紊流时,需要留足航道与桥墩间的安全距离。庄元根据水槽试验分析得出桥墩紊流宽度的影响因素为行进流速、行进水深、桥墩尺寸和桥墩墩型,并用量纲分析法得到了紊流宽度的计算公式:

$$E = 0.88 K_s V^{0.75} b^{0.56} h^{0.44} \tag{5-4}$$

式中:E 为桥墩紊流总宽度;K_s 为与桥墩形状相关的系数无量纲;V 为墩前水流速度(m/s);b 为墩形计算宽度;h 为桥墩附近水深。

实际计算时,多采用根据水槽试验得出的试验值,如表 5-6 所示。

表 5-6 不同水流速度和不同墩形下桥墩紊流宽度

墩前流速 V(m/s)		V≤1.0	1.0<V≤2.0	2.0<V≤2.5	2.5<V≤3.0	3.0<V≤3.5
紊流宽度(m)	方头墩	5~10	10~13	13~20	20~25	25~30
	片状墩	7~10	10~16	16~21	21~29	29~37
	尖头墩	6~10	10~13	13~18	18~22	22~24
	圆头墩	5~9	9~14	14~18	18~22	22~31
	圆柱墩	6~9	9~11	11~19	19~21	21~23

5.3.2 基于航迹带的净空宽度研究

上述通航净宽研究主要基于经验公式考虑了大型船舶的通过所占用的宽度,对桥区小型船通过的研究较少,对桥区习惯航路和航迹的研究较少,导致通航宽度设置对所有通航水域的覆盖程度不够。

本书中对大型船舶航迹带的研究,基于第 3 章建立的数学模型,通过进行船舶操纵仿真模拟试验得到大型船舶的航迹带宽度及航迹带分布,基于实测方法得到小型船舶的航迹带,利用以上两种航迹带的宽度对设计的通航孔的适应性进行分析。

5.3.3 基于几何关系的通航净宽确定研究

在桥梁设计中,桥梁工程师主要应用的是跨度,跨度指桥梁顺桥方向两支承中心之间的长度,一般大于船舶通航有关的有效净宽。与水流垂直的正桥正坐的有效净宽比较容易确定,在跨度的基础上减去桥墩宽度和紊流宽度就行;对斜桥(指水流方向与桥梁轴线法线方向的夹角较大)来说,净空宽度的确定却鲜有人研究。

对斜桥正坐桥梁来说,通航净宽计算方法如图 5-1、式(5-5)和式(5-6)所示,其实际通航净宽为:

$$B = (L - b - a \times \tan\alpha) \times \cos\alpha \qquad (5-5)$$

式中:B 指实际通航净宽;L 指跨度;b 为桥墩宽度(需要根据墩柱高度或承台的高度和通航水位的关系进行确定);a 为桥墩长度;α 为水流方向与桥梁轴线法线方向的夹角。有效通航净宽为:

$$l = B - C - E \tag{5-6}$$

式中：C 为防撞设施占用宽度；E 为桥墩紊流宽度。在柔性防撞设施中，C 和 E 的宽度可以有重合。

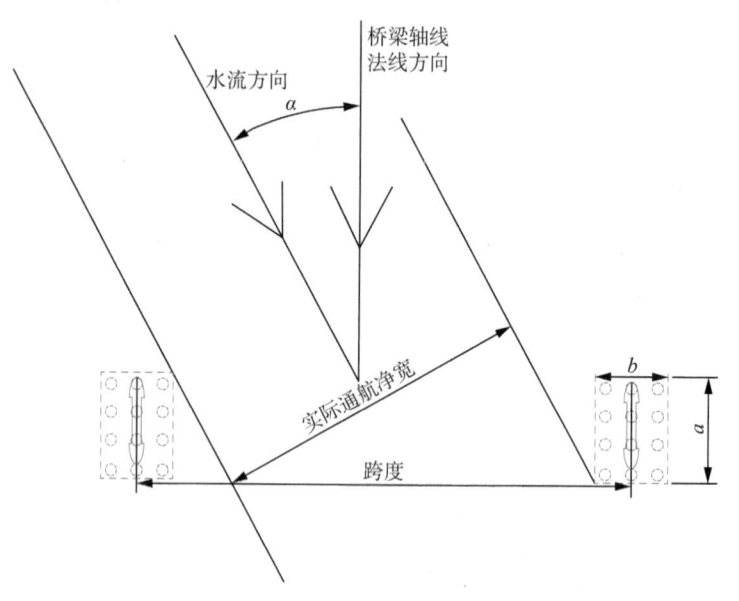

图 5-1　斜桥正坐通航净宽示意图

可以看出在斜桥情况下，有效净宽得到了较大缩小。为了增大桥梁的通航净宽，斜桥情况下，桥墩斜坐，可以增大有效净宽，如图 5-2 所示。这时有效宽度的计算公式如式(5-7)和式(5-8)所示，实际通航净宽和有效通航净宽分别为：

$$B = (L - b) \times \cos\alpha \tag{5-7}$$

$$l = B - C - E \tag{5-8}$$

对于距离非常近的桥群河段，通航孔不能孔对孔布置，布置的限制也导致产生了斜桥的后果，而且计算起来比斜桥正坐还要复杂。如图 5-3 所示，假设上下游两座桥梁的跨度相同都为 L，桥墩宽度都为 b，计算公式如式(5-9)～式(5-12)所示。其中，斜桥正坐，桥梁上、下游侧桥梁桥墩外包络线墩长和净跨分别为：

$$L_1 = (a_1 + c + a_2) \tag{5-9}$$

$$B_1 = L - b \tag{5-10}$$

实际通航净宽和有效通航净宽分别为：

$$B = [B_1 - (L_1 \times \tan\alpha - L_1 \times \tan\alpha_1)] \times \cos\alpha \tag{5-11}$$

$$l = B - C - E \tag{5-12}$$

上式中：a_1 为上游桥梁桥墩长度；c 为桥墩净间距；a_2 为下游桥梁桥墩长度；α 为水流方向与桥梁轴线法线方向的夹角；α_1 为桥墩因不是孔对孔所导致的夹角。

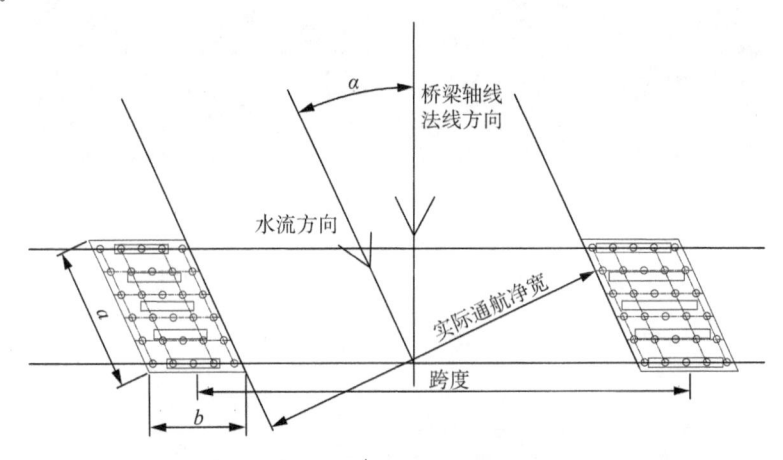

图 5-2 斜桥斜坐通航净宽示意图

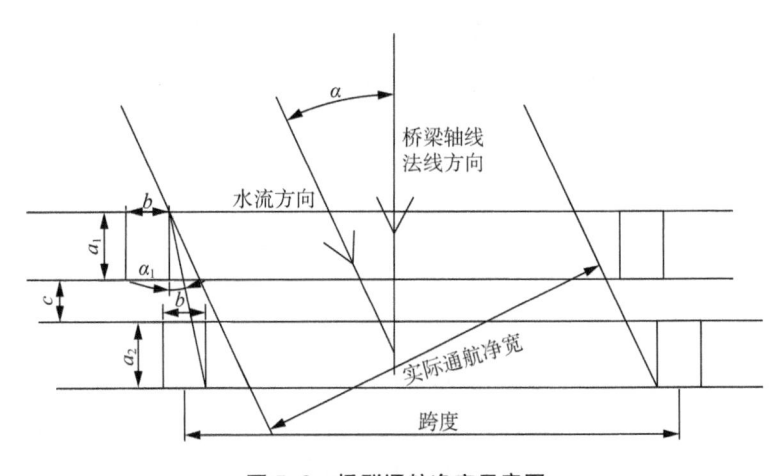

图 5-3 桥群通航净宽示意图

5.4 设计阶段风险评价的应用

荆州李埠长江公铁大桥位于长江中游涴市水道,距离上游马羊洲最近为1.9 km,距离下游引江济汉取水口2.1 km,距离下游太平口心滩最近为4.3 km,如图5-4所示,采用主跨1 090 m的悬索桥,孔跨布置如式(5-13)所示。

图 5-4 桥位图

$$2+84+84+1\,090+112+112+2=1\,486 \text{ m} \quad (5-13)$$

通航孔通航净高为18 m,桥梁立面如图5-5所示。

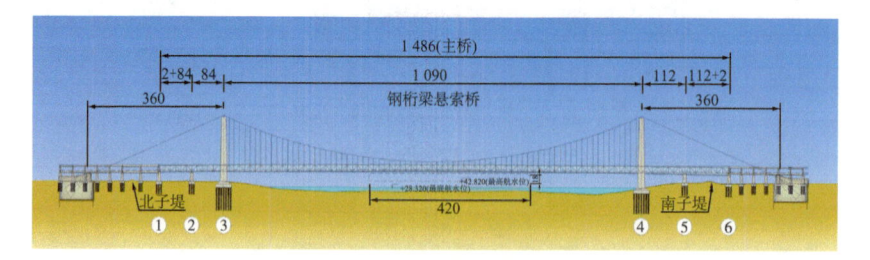

图 5-5 桥梁立面图(单位:m)

5.4.1 桥梁选址方案评价

5.4.1.1 河道条件分析

拟建工程位于长江中游沙市河段涴市水道,沙市河段左岸堤防为荆江大堤,荆江大堤以外的临江侧有龙洲垸堤和学堂洲围堤,右为荆南长江干堤,荆南长江干堤上段为松滋江堤。经过多年人工守护,工程河段两岸已基本得到控

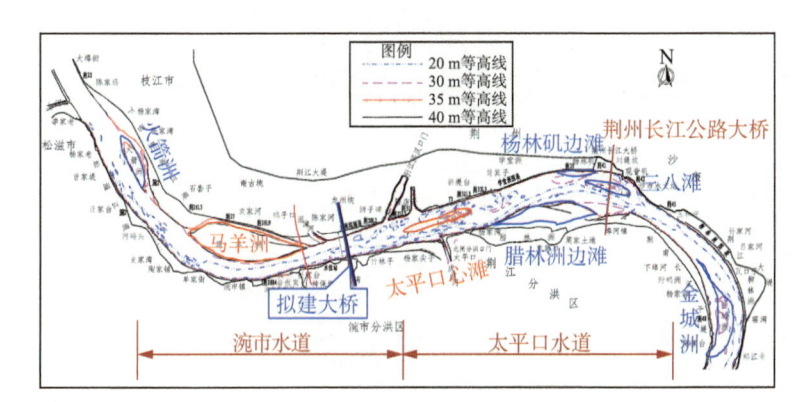

制,其总体河势将不会发生变化。工程洲滩分布如图 5-6 所示。

图 5-6 工程水域主要洲滩分布图

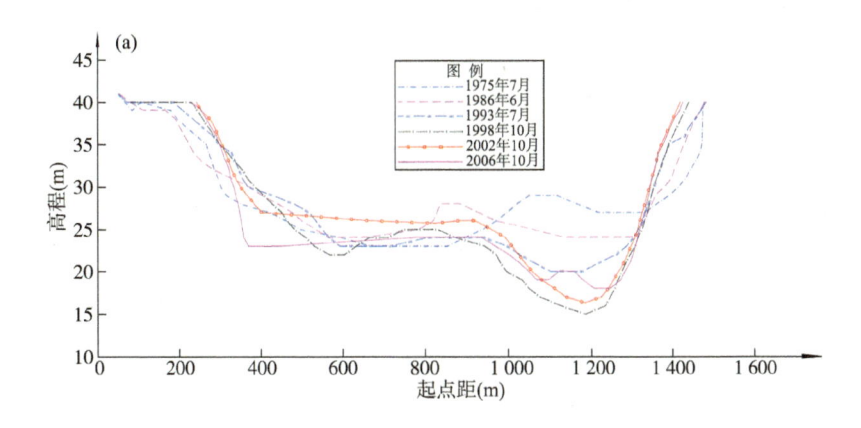

近年来的桥位区域滩槽变化如图 5-7 所示,随着三峡水库蓄水运行后清水下泄,上游来沙减少,河床冲刷,深泓更深。工程河段内的火箭洲和马羊洲洲体相对稳定,太平口心滩、三八滩、金城洲等洲滩演变相互影响、相互制约;马羊洲至太平口心滩河段的主要以冲刷下切为主,太平口心滩以下河段的河势变化仍处于调整中。从局部河道条件来看,拟选桥位位于马羊洲至太平口心滩之间的过渡段,河道顺直,受下游太平口心滩冲淤变化影响,桥位处河床总体呈床面冲刷下切、河槽冲深展宽态势,并且处于持续冲刷状态。虽然近年来桥位主流偏靠右岸侧,但主流易受下游太平口心滩冲刷、左槽发育及过渡段两侧深槽发育影响而摆动,随着河道治理及航道整治工程的相继实施,近 20 年来,拟建大桥附近的滩槽格局及航槽平面位置基本得到稳定。

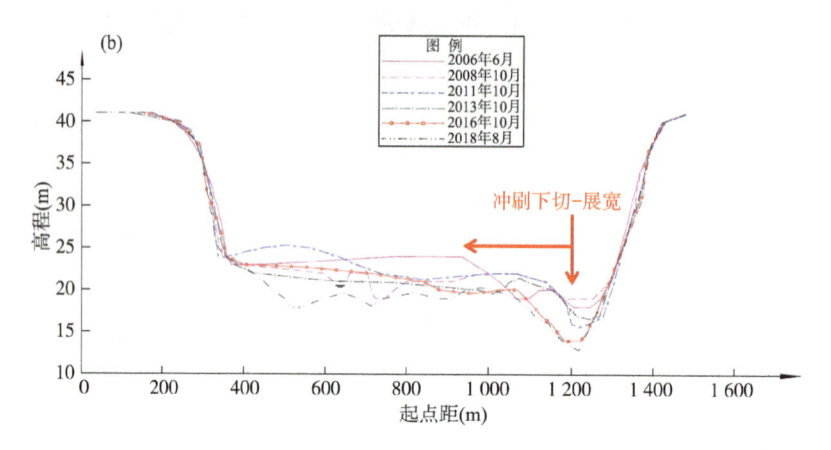

图 5-7 桥位区域滩槽变化图

拟选桥位距离上游马羊洲洲尾约 1.9 km，距离上游沮漳河汇流口约 900 m，距离下游引江济汉引水口约 2.1 km，距离下游太平口心滩约 4.3 km，拟选桥位除与沮漳河汇流口的距离不满足要求外，与上、下游洲滩及下游分流口的距离均满足要求。

5.4.1.2 航道尺度要求分析

拟建大桥所在的涴市水道的航道维护尺度几经提高，规划至 2030 年，桥区河段的航道维护尺度将提高到 4.5 m×200 m×1 000 m，保证率 98%。

拟建桥梁位于沮漳河口下游，1998 年以后，断面深泓靠右，摆幅相对较小。近年来，断面形态及深槽位置基本稳定，工程河段 3.5 m 深槽全年贯通，宽度保持在 970 m 左右，主航道范围内水深一般在 4.5 m 以上，航道水深条件相对较好，工程局部河段航道条件优良。

5.4.1.3 航道水流条件分析

拟建桥梁位于局部顺直河段，主航道范围内水流方向与桥轴线法线方向的夹角相对较小。根据长江水利委员会长江科学院编制的研究成果《荆州李埠长江公铁大桥河工模型试验研究报告》，桥位附近 20 年一遇流场如图 5-8 所示，在 20 年一遇的洪水流量条件下，桥区范围内主流区最大表面流速为 3.38 m/s，对应的桥轴线法线方向与水流流向的夹角为 7°，最大横向流速为 0.41 m/s。

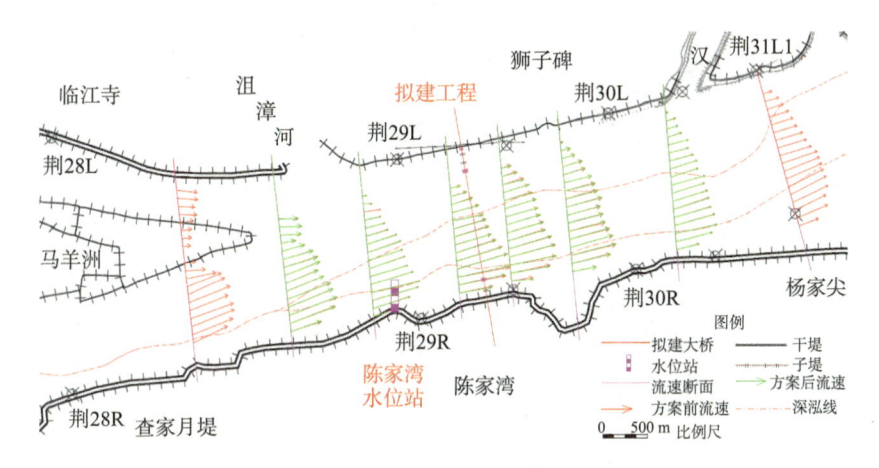

图 5-8　桥位附近流场图

5.4.1.4　与相邻水上过河建筑物间距符合性分析

拟建大桥所处河段航道等级为Ⅰ-(2)级,按对应航道等级最大代表船队尺度(316 m×48.6 m×3.5 m)考虑,会下水船队航速为 25.17 km/h(参考同类河段船队航速取 13 km/h,流速取 3.38 m/s),以 5 min 航程计算与相邻水上过河建筑物的安全间距,计算得最小安全间距为 25.17×1 000×5/60+316=2 413.5 m。

拟选桥位与上游已建的枝城长江大桥距离约 71 km,与下游已建的荆州长江公路大桥距离约 15 km,满足相关标准要求。拟选桥位上游约 255 m 处建有陈家湾—南岸架空电缆,采用一跨过江方案,水中不设墩。

根据《公路桥涵设计通用规范》的要求,高压线跨河塔架的轴线与桥梁的最小间距,不得小于一倍塔高。根据《110 kV~750 kV 架空输电线路设计规范》的要求,输电线路与铁路、公路平行设置输电线的最小水平距离应不小于最高杆(塔)高。

该架空电缆左、右岸电塔高度分别为 170.346 m、163.326 m,其塔高小于拟选桥位与架空电缆的距离,最小净空高度为 33.746 m,对通航安全无影响。

5.4.1.5　与港口布局符合性分析

关于桥梁与港口码头的间距,要求桥梁在下游时必须大于码头设计船型长度的 4 倍,桥梁在上游时必须大于码头设计船型长度的 2 倍。

由表 5-7 可知,拟选桥位所在河段左岸上游建有李埠水上加油站、龙洲垸水上加油站(靠泊加油船型以现状通航 1 000 吨级船舶为主),下游 1 600 m 范围内没有码头设施;右岸上、下游各1 600 m范围内无码头设施。对照间距要求进行分析,拟选桥位除与左岸上游的李埠水上加油站间距不满足要求外,与周边其他码头等设施的距离均满足相关标准要求。

表5-7 拟选桥位与附近码头等涉水设施间距统计表

序号	码头名称	靠泊船型 (船长×船宽,m×m)	最小间距 要求(m)	间距(m)	位置	是否满足 标准要求
1	李埠水上加油站	1 000吨级(85×10.8)	340	67	左岸上游	不满足
2	龙洲垸水上加油站	1 000吨级(85×10.8)	340	572	左岸上游	满足

5.4.1.6 与锚地布局符合性分析

《河港工程总体设计规范》规定了锚地与桥梁的安全距离,其中锚地在上游时其安全间距必须大于靠泊设计船长的4倍,在下游时必须大于2倍,一孔跨过通航水域的桥梁或渡槽不受限制。

工程河段内共设置锚地2处、停泊区3处、水上转运基地1处,分别为大埠街锚地、荆州港玉兰锚地,大埠街停泊区、狮子碑停泊区、沙市玉南停泊区以及李埠作业区水上转运基地,大埠街锚地、荆州港玉兰锚地、大埠街停泊区、狮子碑停泊区、沙市玉南停泊区均为现状锚地及停泊区,其锚泊船型以现状通航3 000吨级船舶为主(船长110 m),李埠作业区水上转运基地设计代表船型的最大船型为5 000吨级船舶(船长110 m)。

拟选桥位与上游的大埠街锚地和大埠街停泊区、下游的荆州港玉兰锚地和沙市玉南停泊区的距离分别约为22.6 km、16.6 km、20.5 km、19.3 km,横跨狮子碑停泊区;与下游的李埠作业区水上转运基地的距离为933 m(最小间距要求为110 m×2=220 m)。

5.4.1.7 选址评价小结

从河道条件、航道条件、与相邻涉水设施安全间距要求的符合性以及与桥区通航安全适应性等方面,对桥位的选址符合性进行了论证分析,如表5-8所示。

表5-8 拟选桥位选址符合性一览表

项目	评价分析
相关规划	与李埠作业区上段规划岸线的间距不满足要求,需做适当调整
	符合《长江经济带综合立体交通走廊规划(2014—2020年)》等规划

续表

项目		评价分析
河道条件		位于马羊洲至太平口心滩之间的过渡段,虽然近年来桥位主流偏靠右岸侧,但主流易受下游太平口心滩冲刷、左槽发育及过渡段两侧深槽发育影响而摆动,随着河道治理及航道整治工程的相继实施,总体河势趋于稳定
		距离上游马羊洲洲尾约1.9 km,距离上游沮漳河汇流口约900 m,距离下游引江济汉引水口约2.1 km,距离下游太平口心滩4.3 km
航道条件	水深条件	3.5 m深槽宽度保持在970 m左右
	水流条件	主流区桥轴线法线方向与水流流向交角为7°,最大横向流速为0.41 m/s
与相邻涉水设施距离		与上、下游已建桥梁距离较远
		距离左岸上游的李埠水上加油站、龙洲垸水上加油站分别约67 m、572 m
		横跨狮子碑停泊区,与下游的李埠作业区水上转运基地的距离为933 m
		上游约483 m处陈家湾至龙洲渡口,下游约1 739 m处幸福闸至沿江村渡口

综合分析来看,拟建大桥位于长江中游沙市河段㳇市水道,经过多年人工守护,工程河段两岸已基本得到控制,其总体河势将不会发生变化。虽然太平口心滩以下河段河势仍处于调整中,但随着河道治理及航道整治工程的相继实施,近20年来,拟建大桥附近的滩槽格局及航槽平面位置基本稳定,工程局部河段航道条件优良,具备建设桥梁的河势和航道条件。

拟选桥位临近上游陈家湾至龙洲渡口、水上加油站、李埠作业区上段规划岸线及沮漳河口,横跨狮子碑停泊区,且桥区范围内主流区最大横向流速达0.41 m/s,对应的桥轴线法线方向与水流流向的交角为7°。

综合考虑城市总体规划、建桥选址及路线走向等相关因素,在加大水上过建筑物通航孔跨度或采用一孔跨过通航水域的桥跨布置方案,撤销或搬迁水上加油站、陈家湾至龙洲渡口和狮子碑停泊区,调整李埠作业区岸线规划,并落实相关航道与通航安全保障措施的情况下,桥位方案合理。

5.4.2 基于通航模拟试验的净空宽度评价实例研究

5.4.2.1 基于几何关系的通航净空宽度确定

主墩承台均基本为方形,平面尺寸为85.75 m×42 m(沿水流方向长度×垂直水流方向宽度),北主墩承台位于现状河床以下,且布置于高岸处,南主墩承台部分位于现状河床以上,承台顶面与设计最低通航水位接近。主塔迎水面宽度为 18 m，跨度为 1 090 m，则净跨为 1 090－21－9＝1 060 m。桥梁跨度对应的桥轴线法线方向与水流流向的交角为 7°，则实际通航净宽为 $B=(1\ 060-84.75\times\tan 7)\times\cos 7=1\ 042$ m。

5.4.2.2 基于最大设计船型航迹带的净空宽度评价

1. 1 顶 12 船队上行模拟试验

上行共进行了最高通航流量、最低通航流量及平滩流量 3 个流场，6/7/8 级强风向下的 9 组工况的仿真试验，以下主要从试验结果及操纵风险两个角度分析 1 顶 12 船队上行的航行风险。

(1) 模拟试验结果分析

将 6/7 级风况条件下船队上行的各个工况航迹进行叠加，可以得出上行航迹汇总图，如图 5-9 所示。对上、下游桥区水域进行了航迹带宽度分析，其中李埠长江公铁大桥桥位航迹带宽度为 147.1 m，距 3#桥墩的距离为 274.3 m，距 4#桥墩的距离为 636.6 m，航迹均在通航水域内。由航迹图可知，李埠长江公铁大桥桥位方案可以满足 1 顶 12 船队上行的航行要求。

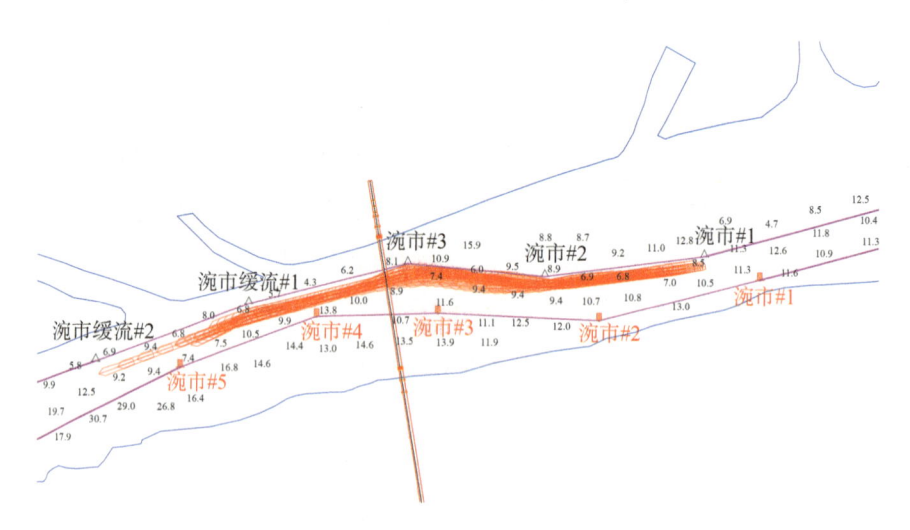

图 5-9　1 顶 12 船队上行航迹汇总图

8 级风力条件下，船队的上行航迹带较弯曲，在洮市♯2 浮标水域航行时受到风的影响而偏出航道，虽能通过桥区水域，但产生的横移速度较大，存在较大操纵风险，如图 5-10 所示。

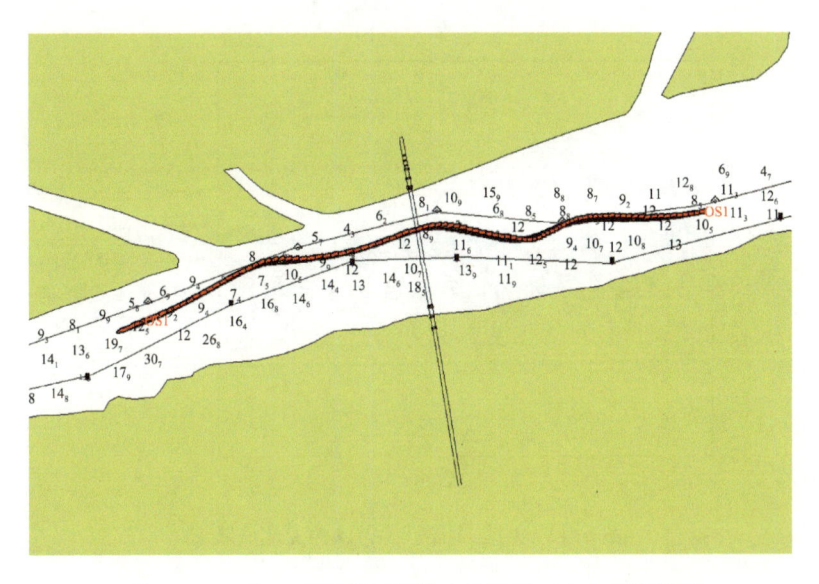

图 5-10 1顶12船队最低通航水位流量 N-8 上行航迹图

(2) 船舶操纵风险分析

各种工况条件下，1顶12船队上行的过程中，在桥区下游浉市♯2～浉市♯3区段航行时，船舶所压舵角、漂角一般在10°以内；当船舶在浉市♯3～桥位水域航行时，需要向左进行转向，此时所压舵角、漂角相对较大（舵角最大可达－34°，漂角最大可达－17.52°）；在桥区上游航行时，航道较为顺直，船舶所压舵角、漂角一般在10°以内，如图5-11和图5-12所示。

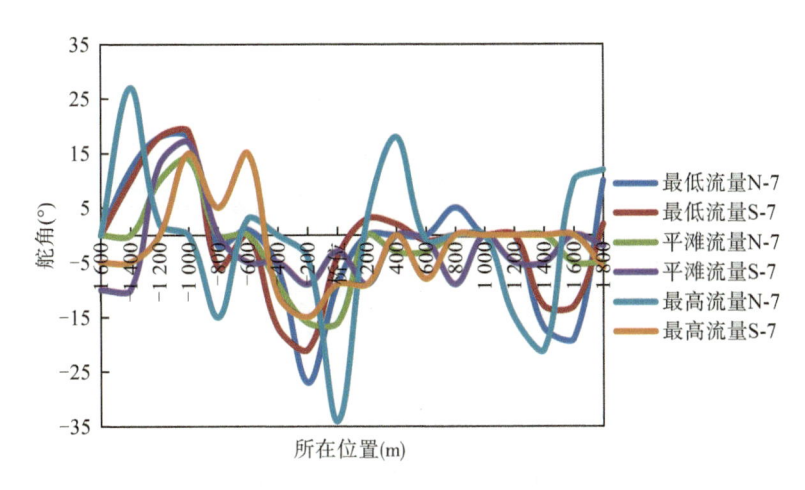

图 5-11 1顶12船队上行舵角变化曲线图

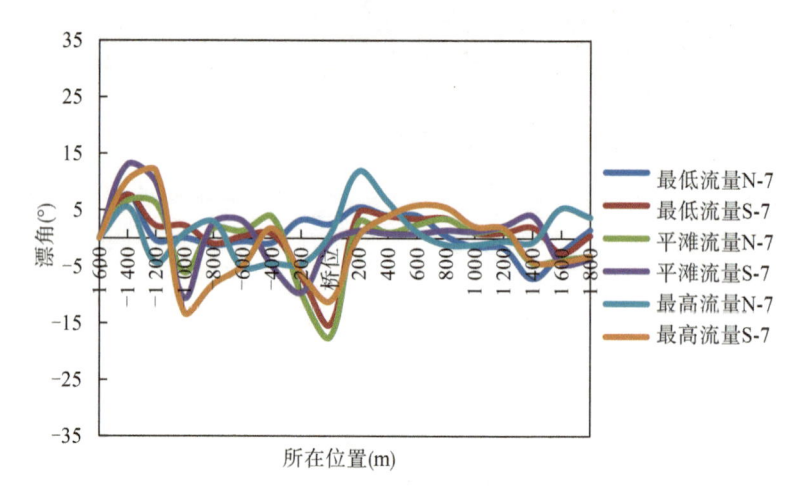

图 5-12　1 顶 12 船队上行漂角变化曲线图

2. 1 顶 12 船队下行模拟试验结果分析

下行共进行了 3 个流场、6/7/8 级强风向下的 9 组工况的仿真试验。以下主要从试验结果及操纵风险两个角度分析 1 顶 12 船队下行的航行风险。

（1）模拟试验结果分析

将 6/7 级风力条件下船队下行的各个工况航迹进行叠加，可以得出下行航迹汇总图，如图 5-13 所示。对上、下游桥区水域进行了航迹带宽度分析，其中

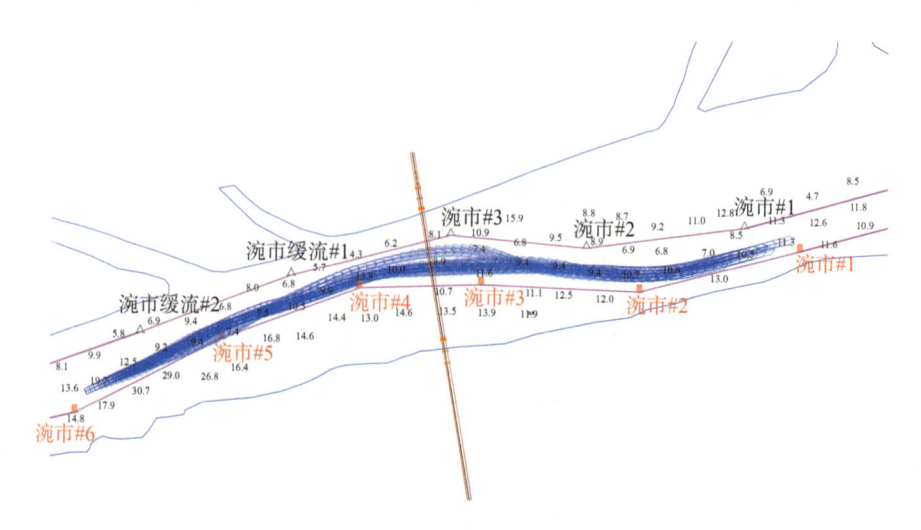

图 5-13　1 顶 12 船队下行航迹汇总图

李埠长江公铁大桥桥位航迹带宽度为 213.7 m，距 3# 桥墩的距离为 274.3 m，距 4# 桥墩的距离为 570.0 m，航迹均在通航水域内。由航迹图可知，李埠长江公铁大桥桥位方案可以满足 1 顶 12 船队下行的航行要求。

8 级风力条件下，船队的下行航迹带较弯曲，在涴市换流#1 浮标水域航行时受到风的影响而偏出航道，虽能通过桥区水域，但产生的横移速度较大，存在较大操纵风险，如图 5-14 所示。

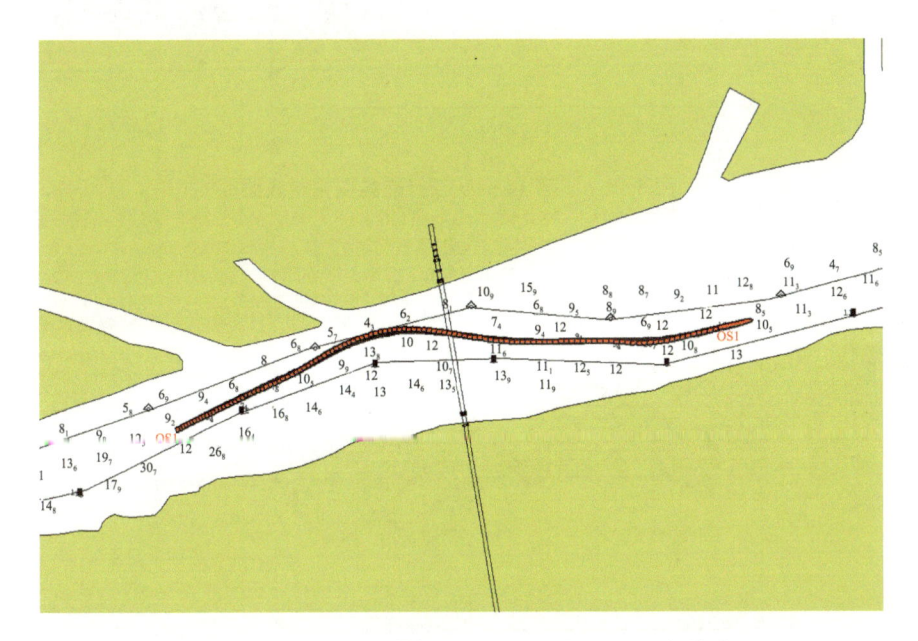

图 5-14　1 顶 12 船队最低通航水位流量 N-8 下行航迹图

(2) 船舶操纵风险分析

各种工况条件下，1 顶 12 船队下行的过程中，在桥区上游涴市#5～涴市#4 区段航行时，航道较平顺，所压舵角、漂角较小；当船舶在涴市#4～桥位水域航行时，需要向右进行转向，此时所压舵角、漂角较大（舵角最大可达 34°，漂角最大可达 10.84°），存在一定的操纵风险；在桥区下游航行时，航道较为顺直，船舶所压舵角、漂角一般在 10°以内，操纵风险相对较低，如图 5-15 和图 5-16 所示。

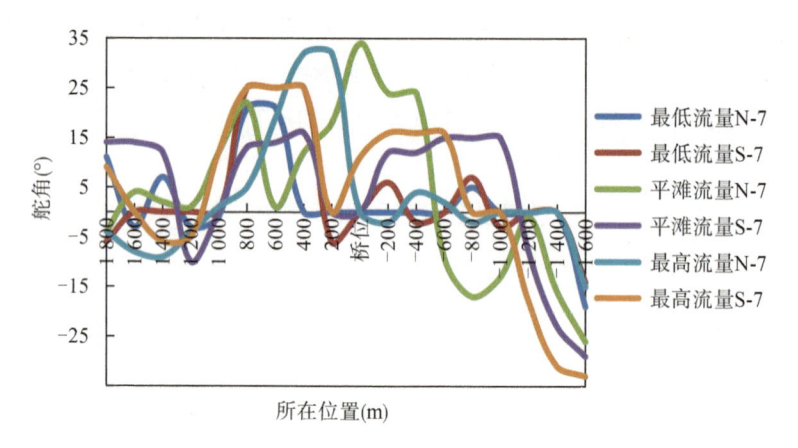

图 5-15　1 顶 12 船队下行舵角变化曲线图

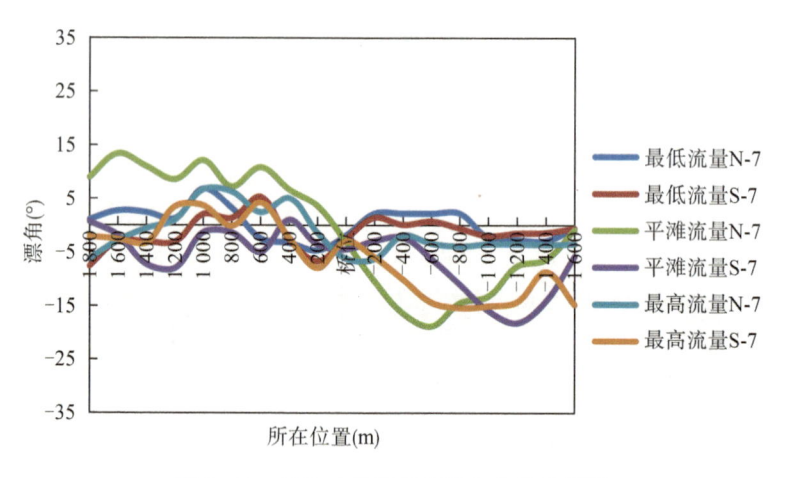

图 5-16　1 顶 12 船队下行漂角变化曲线图

3. 1 顶 12 船队双向航行模拟试验

双向航行时共进行了 14 组工况的仿真试验,将船队双向航行时各个工况下的航迹进行叠加,可以得出双向航行航迹汇总图,如图 5-17 所示。对上、下游桥区水域进行了航迹带宽度分析,其中李埠长江公铁大桥桥位航迹带宽度为 305.6 m,距离 3# 桥墩的距离为 265.1 m,距离 4# 桥墩的距离为 487.3 m,上行船队和下行船队的航迹带在桥区水域有部分交叉。由仿真试验可知,一般情况下,拟建桥梁桥区水域基本可以满足 1 顶 12 船队双向航行的要求。但船队在桥区水域交汇时,若操作不当可能会产生碰撞事故,存在一定风险。

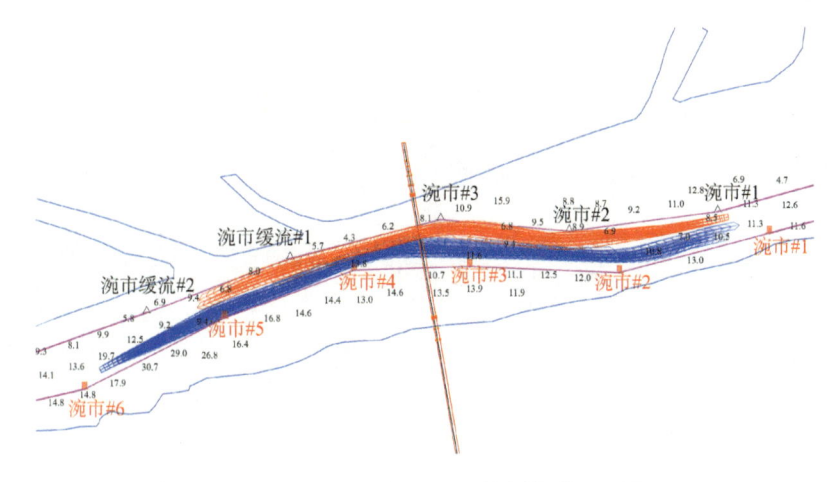

图 5-17　1 顶 12 船队双向航行航迹汇总图

经总体分析可知,李埠长江公铁大桥桥区水域基本可以满足设计船队双向航行的要求。

5.4.2.3　基于实测船舶航迹带的净空宽度评价

1. 实测船舶航迹线情况

拟建桥区河段船舶航迹线洪水期和枯水期的观测成果如下。

(1) 低水期

2018 年 2 月 6—7 日及 3 月 7 日补测,在测时水位为 30.7～30.9 m、补测时水位为 30.1～30.2 m 时,对桥区河段 15 艘船舶(队)进行航迹线观测,上水 7 艘船舶(队),下水 8 艘船舶(队),观测范围自上游 1 130 m 至下游 1 330 m。观测船型主要有 5 000 吨级、3 000 吨级、2 000 吨级货船及船队等。

从观测结果来看(如图 5-18 所示),桥位处上、下行航迹较为集中,各自靠右航行,但部分航迹存在交叉现象,且桥位下游航迹线均略偏向左岸侧。桥位处航迹线水域范围宽度约 400 m,其中,上行船舶航迹线水域范围宽度约 277 m,下行船舶航迹线水域范围宽度约 197 m。

(2) 中高水期

2018 年 8 月 1—3 日,在测时水位为 37.7～37.8 m 时,对桥区河段 16 艘船舶(队)进行航迹线观测,上、下水各 8 艘船舶(队),观测范围自桥位上游 2 390 m 至下游 1 220 m。观测船型主要有 5 000 吨级、3 000 吨级、2 000 吨级货船及船队等。

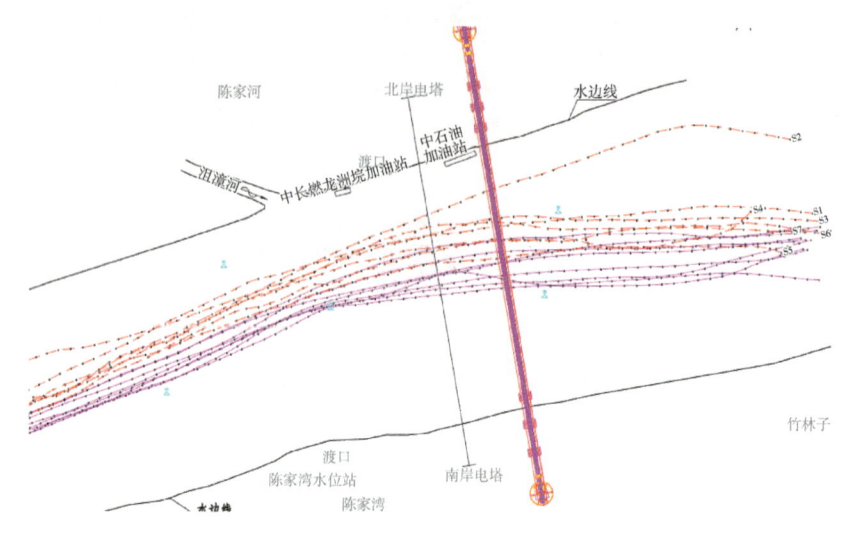

图 5-18　低水期航迹线图

从观测结果来看（见图 5-19），桥位处上、下行航迹分明，基本沿航道分隔线各自靠右航行，且上行船舶航迹线范围相对较大，桥位下游航迹线略偏向左岸侧。桥位处航迹线水域范围宽度约 735 m，其中，上行船舶航迹线水域范围宽度约 251 m，下行船舶航迹线水域范围宽度约 184 m。

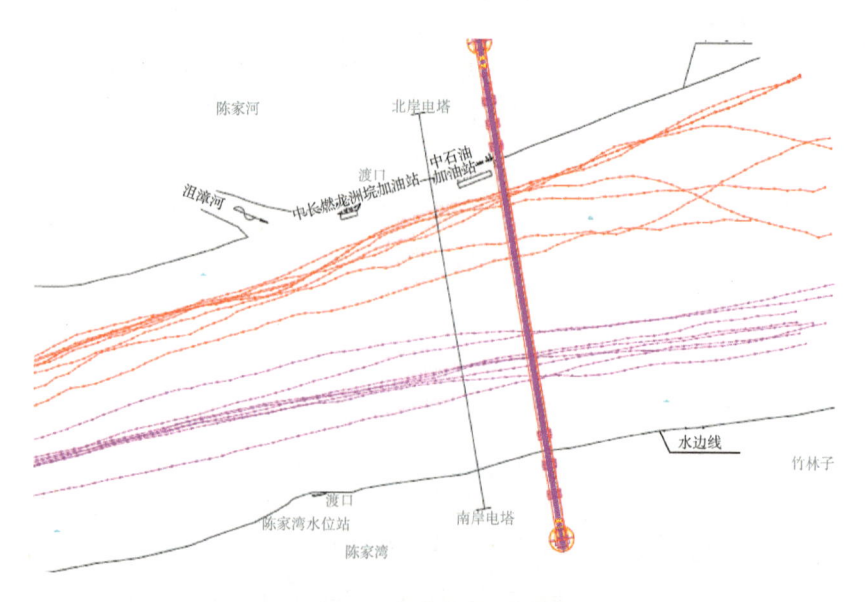

图 5-19　中高水期航迹线图

2. 桥跨布置与实测船舶航迹线适应性评价

从桥跨布置与实测船舶航迹线的关系来看(如图 5-18 和图 5-19 所示),不同水位期,桥位处船舶航迹线均较为集中,上、下行航迹分明,上、下行航迹线水域范围宽度变化不大。不同水位期的船舶航迹线宽度在 400~735 m 之间,桥位处下行船舶航迹线由左侧过渡至右侧水域,在中、洪水位期,部分上行船舶偏靠岸侧航行,但左主墩布置于高岸处,与上行习惯性航路仍有一定的距离,右主墩距离下行船舶习惯性航路边缘较远。主跨 1 090 m 的桥型方案主通航孔完全覆盖了船舶习惯性航路范围,该桥型方案的桥跨布置与实测船舶航迹线的适应性相对较好。

3. 桥墩与实测船舶航迹线适应性评价

从桥墩布置与航路设置的关系看(如图 5-20 所示),左主墩距上行船舶航路边缘约 300 m,右主墩距下行船舶航路边缘约 55 m,两主墩均位于不同水位期时的航路水域范围以外,且有一定的距离,因此,通航孔布置与航路设置适应性较好。

图 5-20 桥墩布置与航路设置关系图

5.4.2.4 基于规范公式的通航净空宽度

通过桥区水域的最大船型为 1 顶 12 的船队,船舶总长为 316 m,型宽为 48.6 m,在 20 年一遇洪水流量条件下,桥区范围内主流区最大表面流速为 3.38 m/s,对应的桥轴线法线方向与水流流向交角为 7°,最大横向流速为

0.41 m/s。计算出的双向通航净宽为 413 m。

表 5-9 基于规范公式的通航净宽计算

设计船型	1+12×3 000 t 顶推船队
船型总长(m)	316
船型型宽(m)	48.6
横向流速(m/s)	0.41
偏航距(m)	35
单向加宽值(m)	26.5
紊流宽度(m)	34
单向通航净宽(m)	227
双向通航净宽(m)	413

5.4.2.5 小结

综上所述,李埠长江公铁大桥实际通航净宽为 1 042 m,基于最大船型的通航模拟试验得出航迹带宽度是 305.6 m,实测船舶航迹带宽度为 735 m,根据通航标准公式计算的净空宽度为 413 m,因此李埠长江公铁大桥的净空宽度设计满足通航安全的要求。

5.4.3 船舶碰撞概率研究

1. 1 000 吨级船舶碰撞桥梁概率

(1) 偏航概率计算

李埠长江公铁大桥桥梁轴线走向为 N170°～N350°,计算代表船型为 1 000 吨级货船,平行于桥梁轴线法线的水流分量最大为 1.87 m/s(最大通航流量),垂直于桥梁轴线法线的水流分量小于 0.20 m/s,桥区水域船舶交通流密度为高密度。各参数取值如表 5-10 所示。船舶偏航概率为: $P_A = B_R \times R_B \times R_C \times R_{XC} \times R_D = 1.17 \times 10^{-4}$ 。

表 5-10 AASHTO 规范计算模型参数取值

船型	B_R	R_B	R_C	R_{XC}	R_D
货船	0.6×10^{-4}	1	1.10	1.108	1.6

(2) 几何概率计算

根据船舶操纵仿真模拟试验的结果,统计船舶上行和下行试验的航迹带数据,求出试验数据的期望、均方差,并代入式(3-119),即完成了航迹带分布拟合。

1 000 吨级货船上行:期望−24.67,均方差 49.28;

1 000 吨级货船下行:期望−3.93,均方差 35.00。

上、下行船舶需考虑撞击 4# 主桥墩,计算几何碰撞概率。

船舶上行为:

$$P_G = \int_{x_1}^{x_2} \frac{1}{\sqrt{2\pi} \times 49.28} e^{-\frac{(x+24.67)^2}{2 \times 49.28^2}} \quad (5-14)$$

船舶下行为:

$$P_G = \int_{x_1}^{x_2} \frac{1}{\sqrt{2\pi} \times 35} e^{-\frac{(x+3.93)^2}{2 \times 35^2}} \quad (5-15)$$

各桥墩受船舶碰撞的几何概率及对应积分上下限取值如表 5-11 所示。

表 5-11 几何概率及 x_1、x_2 取值

项目	上行 4#	下行 4#
x_1	−749.3	524.4
x_2	−717.3	556.4
P_G	6.86×10^{-70}	8.72×10^{-52}

(3) 船未停下的概率

根据 Kunz 的建议[35]及相关航海经验,1 000 吨级船舶上行停船距离均值取 400 m,均方差取 85 m,船舶下行停船距离均值取 600 m,均方差取 85 m,积分路径 D 取 500 m。

1 000 吨级船舶上行时未能停下的概率为:

$$P_S = 1 - F_S = 1 - \int_0^D f(s) \mathrm{d}s = 1 - \int_0^{500} \frac{1}{\sqrt{2\pi} \times 85} e^{-\frac{(s-400)^2}{2 \times 85^2}} = 0.12$$

1 000 吨级船舶下行时未能停下的概率为：

$$P_S = 1 - F_S = 1 - \int_0^D f(s)\mathrm{d}s = 1 - \int_0^{500} \frac{1}{\sqrt{2\pi} \times 85} e^{-\frac{(s-600)^2}{2 \times 85^2}} = 0.88$$

（4）各桥墩碰撞概率计算

根据2016—2018年通过李埠长江公铁大桥断面的AIS船舶流量分析可知，船长小于90 m的船舶年均流量为27 025艘次/年，以此为依据，桥墩遭到1 000吨级货船碰撞的概率如下。

上行船舶：

$P_4 = 27\ 025/2 \times 1.17 \times 10^{-4} \times 6.86 \times 10^{-70} \times 0.12 = 1.3 \times 10^{-69}$

下行船舶：

$P_4 = 27\ 025/2 \times 1.17 \times 10^{-4} \times 8.72 \times 10^{-52} \times 0.88 = 1.21 \times 10^{-51}$

综上，4#桥墩受1 000吨级货船碰撞的频率为1.21×10^{-51}次/年。

2. 5 000吨级船舶碰撞桥梁概率

（1）偏航概率计算

李埠长江公铁大桥桥梁轴线走向为N170°~N350°，计算代表船型为5 000吨级货船，平行于桥梁轴线法线的水流分量最大为1.87 m/s（最大通航流量），垂直于桥梁轴线法线的水流分量小于0.20 m/s，桥区水域船舶交通流密度为高密度。根据改进的AASHTO模型，各参数取值如表5-12所示。船舶偏航概率为：$P_A = B_R \times R_B \times R_C \times R_{XC} \times R_D = 1.17 \times 10^{-4}$。

表5-12　AASHTO规范计算模型参数取值

船型	B_R	R_B	R_C	R_{XC}	R_D
货船	0.6×10^{-4}	1	1.10	1.108	1.6

（2）几何概率计算

根据船舶操纵仿真模拟试验的结果，统计船舶上行和下行试验的航迹带数据，求出试验数据的期望、均方差，把求出的期望、均方差代入式（3-119），即完成了航迹带分布拟合。

5 000吨级货船上行：期望41.15，均方差66.95；

5 000吨级货船下行：期望-28.85，均方差53.99。

上、下行船舶需考虑撞击4#主桥墩，计算几何碰撞概率。

船舶上行为：

$$P_G = \int_{x_1}^{x_2} \frac{1}{\sqrt{2\pi} \times 66.95} e^{-\frac{(x-41.15)^2}{2\times 66.95^2}} \quad (5-16)$$

船舶下行为：

$$P_G = \int_{x_1}^{x_2} \frac{1}{\sqrt{2\pi} \times 53.99} e^{-\frac{(x+28.85)^2}{2\times 53.99^2}} \quad (5-17)$$

桥墩受船舶碰撞的几何概率及对应积分上下限取值如表5-13所示。

表5-13　几何概率及 x_1、x_2 取值

项目	上行 4#	下行 4#
x_1	−749.3	524.4
x_2	−717.3	556.4
P_G	4.72×10^{-30}	6.08×10^{-25}

(3) 船未停下的概率

根据Kunz的建议[35]及相关航海经验，5 000吨级船舶上行停船距离均值取500 m，均方差取110 m，船舶下行停船距离均值取700 m，均方差取110 m，停船距离积分路径 D 取500 m。

5 000吨级船舶上行时未能停下的概率为：

$$P_S = 1 - F_S = 1 - \int_0^D f(s) \mathrm{d}s = 1 - \int_0^{500} \frac{1}{\sqrt{2\pi} \times 110} e^{-\frac{(s-500)^2}{2\times 110^2}} = 0.5$$

5 000吨级船舶下行时未能停下的概率为：

$$P_S = 1 - F_S = 1 - \int_0^D f(s) \mathrm{d}s = 1 - \int_0^{500} \frac{1}{\sqrt{2\pi} \times 110} e^{-\frac{(s-700)^2}{2\times 110^2}} = 0.65$$

(4) 各桥墩碰撞概率计算

根据2016—2018年通过李埠长江公铁大桥断面的AIS船舶流量分析可知，船长介于90~150 m之间的船舶流量为18 871艘次/年，以此为依据，桥墩

遭到5 000吨级货船碰撞的概率如下。

上行船舶：

$P_4 = 18\,871/2 \times 1.17 \times 10^{-4} \times 4.72 \times 10^{-30} \times 0.5 = 2.61 \times 10^{-30}$

下行船舶：

$P_4 = 18\,871/2 \times 1.17 \times 10^{-4} \times 6.08 \times 10^{-25} \times 0.65 = 4.36 \times 10^{-25}$

综上，4#桥墩受5 000吨级货船碰撞的频率为4.36×10^{-25}次/年。

3.1 顶12船队碰撞桥梁概率

(1) 偏航概率计算

李埠长江公铁大桥桥梁轴线走向为N170°～N350°，计算代表船型为1顶12船队，平行于桥梁轴线法线的水流分量最大为1.87 m/s(最大通航流量)，垂直于桥梁轴线法线的水流分量小于0.20 m/s，桥区水域船舶交通流密度为高密度。根据改进的AASHTO规范计算模型，各参数取值如表5-14所示。

表5-14　AASHTO规范计算模型参数取值

船型	B_R	R_B	R_C	R_{XC}	R_D
货船	1.2×10^{-4}	1	1.10	1.108	1.6

船队偏航概率为：$P_A = B_R \times R_B \times R_C \times R_{XC} \times R_D = 7.31 \times 10^{-5}$

(2) 几何概率计算

根据船舶操纵仿真模拟试验的结果，统计船舶上行和下行试验的航迹带数据，求出这些数据的期望、均方差，把求出的期望、均方差代式(3-119)，即完成了航迹带分布拟合。

1顶12船队上行：期望11.33，均方差113.03；

1顶12船队下行：期望－20.43，均方差193.43。

上、下行船舶需考虑撞击4#主桥墩，计算几何碰撞概率。

船舶上行为：

$$P_G = \int_{x_1}^{x_2} \frac{1}{\sqrt{2\pi} \times 113.03} e^{-\frac{(x-11.33)^2}{2 \times 113.03^2}} \qquad (5\text{-}18)$$

船舶下行为：

$$P_G = \int_{x_1}^{x_2} \frac{1}{\sqrt{2\pi} \times 193.43} e^{-\frac{(x+20.43)^2}{2 \times 193.43^2}} \qquad (5\text{-}19)$$

各桥墩受船舶碰撞的几何概率及对应积分上下限取值如表 5-15 所示。

表 5-15 几何概率及 x_1、x_2 取值

项目	上行 4#	下行 4#
x_1	−749.3	524.4
x_2	−717.3	556.4
P_G	$4.88×10^{-11}$	$9.95×10^{-4}$

(3) 船未停下的概率

根据 Kunz 的建议[35]及相关航海经验，船队上行停船距离均值取 1 800 m，均方差取 316 m，船队下行停船距离均值取 2 000 m，均方差取 316 m，积分路径 D 取 500 m。

船队上行时未能停下的概率为：

$$P_S = 1 - F_S = 1 - \int_0^D f(s) ds = 1 - \int_0^{500} \frac{1}{\sqrt{2\pi} \times 316} e^{-\frac{(s-1\,800)^2}{2 \times 316^2}} = 0.99$$

船队下行时未能停下的概率为：

$$P_S = 1 - F_S = 1 - \int_0^D f(s) ds = 1 - \int_0^{500} \frac{1}{\sqrt{2\pi} \times 110} e^{-\frac{(s-1\,900)^2}{2 \times 316^2}} = 0.99$$

(4) 桥墩碰撞概率计算

根据 2016—2018 年通过李埠长江公铁大桥断面的 AIS 船舶流量分析可知，船长大于 300 m 的船舶流量为 28 艘次/年，以此为依据，桥墩遭到 1 顶 12 船队碰撞的概率如下。

上行船舶：

$P_4 = 28/2 × 1.17 × 10^{-4} × 4.88 × 10^{-11} × 0.99 = 7.92 × 10^{-14}$

下行船舶：

$P_4 = 28/2 × 1.17 × 10^{-4} × 9.95 × 10^{-4} × 0.99 = 1.61 × 10^{-6}$

综上，4# 桥墩受 1 顶 12 船队碰撞的频率为 $1.61 × 10^{-6}$ 次/年。

通过船舶模拟器得到的船舶航迹带分布，采用改进后的 AASHTO 经典碰

撞模型对1 000吨级货船、5 000吨级货船和1顶12船队的碰撞概率进行了计算,总的碰撞概率为1.61×10^{-6}次/年,处于"低危险"等级。

5.4.4 桥区水域通航风险评价

李埠长江公铁大桥桥区水域的通航风险参数如表5-16所示。

表5-16　工程水域通航风险评价指标取值表

指标	数值
通航净宽/船宽	21.4
通航净高富裕高度(m)	0.1
桥梁选址	好
能见度不良天数(天/年)	30.3
标准风天数(天/年)	39
流速(m/s)	3.38
横流(m/s)	0.41
人为因素(撞桥概率)	1.61×10^{-6}
交通流密度(艘次/天)	166
助航标志	很好
VTS管理	很好

将上表中各数值带入模型计算。首先,确定各二级评价指标的隶属度向量如下:

$$R=\begin{bmatrix}R_1\\R_2\\R_3\\R_4\\R_5\\R_6\\R_7\\R_8\\R_9\\R_{10}\end{bmatrix}=\begin{bmatrix}0.9 & 0.1 & 0 & 0 & 0\\0 & 0 & 0 & 0.2 & 0.8\\0.9 & 0.1 & 0 & 0 & 0\\0 & 0.2 & 0.6 & 0.2 & 0\\0.2 & 0.6 & 0.2 & 0 & 0\\0 & 0 & 0.1 & 0.6 & 0.3\\0.9 & 0.1 & 0 & 0 & 0\\0.9 & 0.1 & 0 & 0 & 0\\0.8 & 0.2 & 0 & 0 & 0\\0.9 & 0.1 & 0 & 0 & 0\end{bmatrix} \quad (5-20)$$

接着,根据前文中,由式(4-11)~式(4-14)确定的各一级指标因素的权重W_i,计算得到一级评价指标A_i的隶属度R'_i:

$$R'_1 = W_1 \circ R_1$$

$$= [0.151 \quad 0.032 \quad 0.263] \circ \begin{bmatrix} 0.9 & 0.1 & 0 & 0 & 0 \\ 0 & 0 & 0 & 0.2 & 0.8 \\ 0.9 & 0.1 & 0 & 0 & 0 \end{bmatrix}$$

$$= [0.373 \quad 0.041 \quad 0 \quad 0.006 \quad 0.026] \tag{5-21}$$

$$R'_2 = W_2 \circ R_2$$

$$= [0.162 \quad 0.309 \quad 0.529] \circ \begin{bmatrix} 0 & 0.2 & 0.6 & 0.2 & 0 \\ 0.2 & 0.6 & 0.2 & 0 & 0 \\ 0 & 0 & 0.1 & 0.6 & 0.3 \end{bmatrix}$$

$$= [0.062 \quad 0.2186 \quad 0.212 \quad 0.35 \quad 0.159] \tag{5-22}$$

$$R'_3 = W_3 \circ R_3$$

$$= [0.171] \circ [0.9 \quad 0.1 \quad 0 \quad 0 \quad 0]$$

$$= [0.154 \quad 0.017 \quad 0 \quad 0 \quad 0] \tag{5-23}$$

$$R'_4 = W_4 \circ R_4$$

$$= [0.022 \quad 0.011 \quad 0.06] \circ \begin{bmatrix} 0.9 & 0.1 & 0 & 0 & 0 \\ 0.8 & 0.2 & 0 & 0 & 0 \\ 0.9 & 0.1 & 0 & 0 & 0 \end{bmatrix}$$

$$= [0.083 \quad 0.01 \quad 0 \quad 0 \quad 0] \tag{5-24}$$

$$R' = [R'_1 \quad R'_2 \quad R'_3 \quad R'_4]^T \tag{5-25}$$

最后,根据式(4-26)的权重值,计算得出李埠长江公铁大桥桥区水域通航安全综合评价结果为:

$$M = W \circ R'$$

$$= [0.446 \quad 0.298 \quad 0.171 \quad 0.093] \circ \begin{bmatrix} 0.373 & 0.041 & 0 & 0.006 & 0.026 \\ 0.062 & 0.218 & 0.212 & 0.35 & 0.159 \\ 0.154 & 0.017 & 0 & 0 & 0 \\ 0.083 & 0.01 & 0 & 0 & 0 \end{bmatrix}$$

$$= [0.218 \quad 0.086 \quad 0.061 \quad 0.104 \quad 0.057]$$

$$\tag{5-26}$$

根据上述计算结果,依式(5-27)进行加权平均,得到工程水域的通航安全评价结果值为 2.42,处于"较低危险"和"一般危险"之间,更偏向于"较低危险"的等级。

$$k = \frac{\sum_{j=1}^{5} m_j v_j}{\sum_{j=1}^{5} m_j} = 2.42 \tag{5-27}$$

为了解各一级评价指标对风险度评价的贡献大小,分别对 $\boldsymbol{R}'_1$、$\boldsymbol{R}'_2$、$\boldsymbol{R}'_3$、$\boldsymbol{R}'_4$ 进行加权平均计算,得到的结果如表 5-17 所示:

表 5-17 风险值计算表

桥梁因素风险值 k_1	自然条件因素风险值 k_2	人为因素风险值 k_3	交通条件因素风险值 k_4
1.37	3.33	1.11	1.11

李埠长江公铁大桥桥区水域的桥梁因素风险度为"低风险",总体风险为"较低风险",桥梁方案从通航安全角度看可行,风险评价的结果用于支撑桥梁工程的建设。

5.5 本章小结

本章提出了桥区水域船舶通航的关键因素——桥梁设计要素的确定方法。桥址选择主要考虑建在河床稳定、航道水深充裕和水流条件良好的平顺河段,与码头、锚地等建筑物保持足够的安全距离;通航净高要在合理确定通航最高水位的基础上,考虑航道的规划,考虑远期发展的船型高度;通航净宽要根据水流条件、船舶航迹带宽度、可能通航的水域等因素综合确定,提出了基于几何关系的斜桥正坐、斜桥斜坐及桥群有效通航净宽的计算方法,支撑了选址位置较差的斜桥的建设,从设计层面保障了斜桥水域的通航安全。根据实测航迹带资料分析,通过模型试验研究确定了李埠长江公铁大桥工程设计阶段通航设计要素,并对其进行了通航风险评价。结果表明,李埠长江公铁大桥桥区水域一级指标桥——梁因素通航风险度为"低风险",综合指标通航风险度为"较低风险"。

第6章
桥梁运营阶段桥区水域通航安全信息化建设研究

当今社会,信息化建设已经渗透到各行各业,桥梁作为交通基础设施的重要组成部分,是人、车、船等交通要素会遇的枢纽,其安全性至关重要。通过数字、网络技术搭建可靠的信息化保障系统,在获取各类交通要素基础信息的同时,进行必要的计算和分析,将预警或处置信息反馈给交通要素,以期各方提前采取必要的措施,避免风险的发生。本章将围绕船舶通航安全来探讨桥梁信息化建设的目的、特殊性,相关的风险分析、安全信息的提供和感知、风险信息的感知和反馈,以及技术对策研究和前景展望。

6.1 桥梁信息化建设的目的

桥梁水域信息化建设旨在通过数字化和网络化技术手段,通过信息感知和反馈,提高桥梁水域通航的安全系数。桥梁通航安全涉及桥梁结构安全、水文气象条件、航道通航状态等多方面因素,因此信息化建设需要综合考虑这些特殊因素,并提供准确、实时的安全信息。

通过应用先进的信息技术手段,实现桥梁的智能化管理、监测和维护,提高桥梁的安全性、可靠性和效率,保障桥梁的正常运行。作为特殊的基础设施,桥梁信息化建设也具有一定的特殊性。首先,桥梁跨越河流、山谷等复杂的地理环境,信息采集和传输存在一定困难。其次,桥梁多位于水陆交通的交汇点,影响桥梁安全的因素众多,故需要甄别和通航安全有关的内容并加以分析。此外,桥梁安全关乎人员、车辆、船舶和财产安全,信息化建设也需要高度的可靠性和安全性。在搭建系统时,应充分考虑上述因素。

桥梁信息化建设的目的是提高桥梁的通航安全性、管理效率和服务质量。具体包括以下几个方面。

提高桥梁和船舶的安全性:通过信息化建设,可以实时获取桥梁通航参数、水文气象条件、航道通航状态等相关数据,对潜在的安全风险进行监测和预警,以及时采取措施避免事故的发生。

提高应急处置效率:信息化建设可以实现桥梁运维管理的数字化、网络化和智能化。通过建立信息管理平台,将各项数据集中处理,实现突发事件任务同步派发。

优化信息传递渠道:通过信息化建设,实现对航行数据、船舶通航需求、船舶联系方式的采集并进行统筹管理,提供更加个性化的服务。通过最佳传递渠道提供实时的桥梁通航信息,帮助船舶和船员做出更明智的决策,提高通航的效率和安全性。

改善决策支持:信息化建设提供了全面、准确的桥梁运行数据和相关信息,为海事管理部门、桥梁运营单位、船舶等相关方提供决策支持,以保障通航的安全和顺畅。

6.2 风险点分析

在桥梁通航水域,存在着多种安全风险,包括但不限于水文气象变化、船舶碰撞、助航设备故障等。通过信息化建设,对这些风险点进行全面分析和评估,通过选择合适的算法和应对措施,为船舶在桥梁水域的通航安全提供科学依据。桥梁通航风险分析是为了识别和评估与桥梁通航相关的各种潜在风险,以便在系统搭建过程中采取适当的算法来降低或管理这些风险。常见的桥梁通航风险点分析如下。

水文气象风险:水文气象因素如洪水、风暴、大雾等可能影响桥梁通航的安全性,尤其是水位的变化会直接影响桥梁净空高度,给船舶航行带来较大风险。系统建设应考虑水文气象数据的采集和监测,评估这些因素对通航的潜在风险,如航行能见度、水位变化等,通过系统算法生成信息反馈,以降低水文气象变化带来的风险。

航道通畅风险:航道淤泥、河道变化、水下障碍物等因素可能影响船舶的通行能力和安全性。风险分析应考虑航道勘测、维护和清理情况,评估航道通畅的可靠性和潜在风险,必要时可建立水流和淤积计算模型,以尽可能地模拟航道随着时间所发生的变化。

船舶碰撞风险:船舶在航行过程中可能发生碰撞事故,可能是船舶之间的碰撞影响到桥梁的安全,也可能是船舶直接触碰桥梁,导致桥梁结构破坏或航道堵塞。风险分析应考虑船舶通航规则、导航设备、船舶操作等因素,评估碰撞风险并制定相应措施。

人为因素风险:人为因素如操作失误(常见于开启式桥梁或船舶驾引人员)、疲劳驾驶、良好船艺等可能引发安全事故。风险分析应考虑人员培训、操作规范、安全管理等因素,评估人为因素对通航安全的影响和潜在风险。

突发事件风险:突发事件如车祸(落水)、突风等可能对桥梁水域通航产生重大影响。风险分析应考虑不同类型的突发事件可能带来的影响和损失,系统搭建时应充分考虑如何进行突发事件的反馈和后续处理,以及评估应急响应措施的有效性和应对能力。

数据安全风险:信息化系统涉及大量的桥梁通航数据,包括桥梁结构状态、水文气象条件、航道通航状态等敏感信息。存在数据泄露、篡改、丢失等风险,可能导致通航决策错误或者信息不准确,对通航安全产生负面影响。

网络安全风险:信息化系统通常依赖网络传输数据和需进行远程监控。网络攻击、恶意软件、黑客入侵等威胁可能导致系统瘫痪、数据被窃取或者被篡改,危及桥梁通航的安全性和稳定性。

技术故障风险:信息化系统依赖各种硬件设备、软件系统和传感器设备的运行。设备故障、系统崩溃、软件错误等技术故障可能导致数据采集不准确、实时性受损,影响通航决策的准确性和及时性。

人为失误风险:信息化系统的运行和管理需要人员的参与,人为因素可能导致误操作、不当使用或管理不善,从而引发系统故障或数据错误,影响通航安全。

风险分析的目的是识别潜在风险,为采取相应的风险管理措施提供依据。通过综合考虑以上因素,进行桥梁通航风险分析可以帮助相关部门和决策者全面了解通航过程中的各种潜在风险,并制定相应的信息传递模块,通过有效的手段进行信息传递和反馈,最终实现桥梁通航的安全性和可靠性。

6.3 安全信息的感知和反馈

通过搭建桥梁信息化系统以实现安全信息的感知和反馈。通过安装测距、测高、测深、测速等传感器,以及CCTV摄像头、监测设备和远程监控系统,可以实时获取桥梁通航情况、水位流量、气象条件等相关信息,通过智能分析算法和数据挖掘技术,实现对风险点进行实时监测和预警。一旦发现异常情况,可以及时将信息反馈给相关部门和人员,使其能够采取相应的措施来确保通航安全。反馈信息的传递渠道可以通过声光信号、手机、VHF、电子海图等方式进行传递,充分研判传递渠道的合理性,对系统的合理化构建具有重要意义。

实时数据采集:通过传感器、监测设备等手段对桥梁结构状态、水文气象条件、航道通航情况等数据进行实时采集。这些数据应覆盖关键指标,如桥梁变形、荷载、风速、水位、潮汐等,以提供全面准确的信息基础。

数据传输和共享:采集到的数据需要通过网络或专用通信渠道传输到信息化系统中,以便进行分析和处理。同时,需要建立数据共享机制,使得相关部门和人员能够及时获取和共享通航安全信息,为决策提供可靠信息。

预警系统和报警机制:基于采集到的数据,通过桥梁通航安全预警系统,开展智能分析和预测,提前发现潜在的安全风险,并及时发出预警信息。此外,还应建立报警机制,确保在紧急情况下能够迅速启动应急响应。

可视化展示和用户界面:通过手机app、微信小程序,实现通航安全信息以直观、易懂的方式展示给相关人员,同时信息化系统中的可视化界面、实时监控画面、报表和图表等内容,也可转化为直观的图像和指标,方便用户感知和理解。

多渠道传播和接收:通航安全信息的传播和接收应兼顾多个渠道,包括但不限于电子显示屏、手机app、微信小程序、电子邮件、短信通知等。这样可以确保将信息及时传递给决策者、船员和其他相关人员,提高信息的感知度和响应速度。

6.4　桥梁通航信息化建设发展方向

多领域数据融合:桥梁通航涉及桥梁结构安全、水文气象变化、航道通畅等多个领域的数据。信息化建设需要将这些不同领域的数据进行融合和分析,形成综合性的安全信息,以提供全面的通航决策依据。

实时性和准确性要求高:桥梁通航安全需要及时获取和处理相关信息,因此信息化系统必须具备高度的实时性和准确性。只有实时准确地获取桥梁结构状态、水文气象变化等数据,才能及时做出决策,确保船舶通航的安全性。

多部门协同配合:桥梁通航安全涉及多个部门和单位的协同配合,在突发事件的处置上更是需要有地方政府、海事部门、桥梁运营单位、船方参与。信息化建设需要在不同部门之间实现数据共享和协同工作,确保各个环节之间的信息流畅和协调一致,以提高安全管理的效率。

高新技术的应用:桥梁通航信息化建设需要借助高新技术来支撑,如物联网、自动化、大数据、人工智能等。这些技术可以实现对大量数据的采集、存储、分析和应用,提供精确的通航信息和决策支持。

风险预警和预测能力:信息化建设可以实现对通航风险的实时监测和预警。通过智能分析算法和数据挖掘技术,可以对通航过程中的潜在风险进行分析和预测,提前采取措施避免事故的发生。

6.5 技术对策研究和前景展望

为了进一步提高桥梁水域通航安全信息化保障水平,需要进行相应的技术对策研究。首先,应加强通航信息系统的建设和完善,包括数据采集、传输和存储等方面。其次,应尽可能收集水文气象信息并加以转化,提高通航风险的预警和预测能力。此外,还应加强通航设备的监测和维护,确保其可靠性和安全性。

桥梁通航安全信息化保障将在技术的不断创新和应用的推动下取得更大的发展。随着物联网、人工智能和大数据等技术的不断进步,桥梁通航安全保障技术将实现更高水平的自动化和智能化,有效提高船舶通航安全的效率和准确性。同时,加强与船舶自动导航系统的互联互通,将进一步提升通航安全水平和智能化程度,为水路交通提供更加安全、高效的服务。

第7章
结论和展望

近些年来,发生了很多起船舶撞击桥梁的事故,有些事故造成了巨大的经济损失,带来了恶劣的社会影响。针对桥区水域船舶通航安全问题,本书采用调研分析、理论研究及数学模型试验的方法,梳理了桥区水域的通航风险要素,研究了船舶碰撞桥梁的概率,建立了通航风险评价模型,提出了斜桥的通航净宽计算方法,并将船撞桥概率及通航风险评价模型应用于李埠长江公铁大桥的通航设计中,取得了一些研究成果。本章将给出本书得到的主要结论和进一步研究的建议及展望。

7.1 主要结论

(1) 收集了长江干线和西江干线上的桥梁资料,针对桥区水域的船撞桥事故,分析了事故发生的原因和易发事故的桥梁特征。导致事故发生的是人为失误原因、船舶技术原因和环境原因,易发事故桥梁的特征是桥梁选址在弯道、滩险的位置,通航水流条件恶劣,通航净空尺度小等。在事故原因分析的基础上确定了桥区水域的风险要素,主要为桥梁因素、环境因素、船舶因素和人为因素。桥梁因素主要是桥梁选在弯道、滩险及水流条件恶劣的位置,桥梁通航净空尺度偏小;环境因素方面,分析了航道的规划变化、通航标准的变化,船舶大型化等原因造成的桥梁净空尺度与航道的不匹配以及恶劣自然条件对船舶航行安全的影响;船舶因素主要有船舶航行靠泊等占用水域大,再加上人为因素,造成了通航风险和船撞桥事故的发生。

(2) 为了模拟人为因素所产生的影响,建立了船舶操纵数学模型,基于船舶模拟器的仿真环境和船长的操纵经验,进行了船舶操纵仿真试验。并在试验的基础上,改进了 AASHTO 模型,提出了以仿真试验的船舶航迹带中心位置为均值、以试验的样本计算结果为均方差的几何概率模型,并引入了停船概率,利用改进的模型计算了船撞桥的概率,提出了人为因素影响下的通航风险评价指标。将改进的船撞桥概率计算模型应用于南京长江大桥的船撞桥概率计算中,结果表明,改进的模型比较合理地预测了船撞桥概率。

(3) 选取了通航净宽、通航净高、桥梁选址、能见度、风、流、人为因素、VTS管理、助航标志、船舶交通流这 10 个因素,其中人为因素用船撞桥概率来定量描述。采用模糊数学理论,在参考专家咨询意见、收集实测资料的基础上建立了通航风险评价模型,并应用在了已建桥梁南京长江大桥的通航风险评价中。结果表明,南京长江大桥桥区水域的通航风险处于"一般危险"等级。

(4)船舶通航风险评价中权重大的桥梁因素为桥梁选址和通航净宽。桥梁需要的通航净宽需根据代表船型、水流条件、船舶航迹带宽度及可能通航的水域等因素综合确定。提出了基于几何关系的斜桥正坐、斜桥斜坐及桥群有效通航净宽的计算方法,支撑了选址位置较差的斜桥的建设,从设计层面保障了斜桥水域的通航安全。对设计阶段的李埠长江公铁大桥进行了通航风险评价。结果表明,李埠长江公铁大桥桥区水域一级指标——桥梁因素通航风险度为"低风险",综合指标通航风险度为"较低风险",为桥梁的建设提供了技术支撑。

7.2 展望

随着我国经济及航运事业的不断发展,船舶越来越多,也越来越大,拟建、新建的桥梁与船舶通航之间的矛盾越发突出,桥区水域船舶通航研究需要向细化和深化方向发展,以下问题还有待进一步研究。

(1)桥梁的设计寿命很长,有的达到百年以上,然而港口航道的规划一般只为10~30年,目前已经出现了很多桥梁不能适应现状航道和通航船型的情况,也由此造成了安全隐患。在下一步的研究中要考虑航道规划年限的延长问题。

(2)本书中的船舶操纵模拟试验未考虑船舶失控状态下的碰撞概率。关于船舶发生失控情况的概率及船舶失控对船舶碰撞桥梁概率的影响需要进一步研究。

(3)船舶航迹研究的深化。随着船舶交通信息系统的不断发展,AIS系统积累了大量的历史船舶航迹,结合最新的电子海图,可以对船舶习惯航路和小船航行轨迹有科学的认识,从而更好地确定通航水域宽度和桥墩布置。

(4)桥梁通航安全信息化保障将在技术的不断创新和应用的推动下取得更大的发展。加强与船舶自动导航系统的互联互通,将进一步提升通航安全水平和智能化程度,为水路交通提供更加安全、高效的服务。

参考文献

[1] 国务院办公厅. 国务院关于加快长江等内河水运发展的意见[EB/OL]. [2011-1-30]. http://www.gov.cn/zwgk/2011-01/30/content_1795360.htm.

[2] 交通运输部. 2021年交通运输行业发展统计公报[EB/OL]. [2022-5-25]. https://xxgk.mot.gov.cn/2020/jigou/zhghs/202205/t20220524_3656659.html.

[3] 信春鹰, 王昌顺. 中华人民共和国航道法释义[M]. 北京: 法律出版社, 2015.

[4] 邓文中, 代彤. 重庆石板坡长江大桥复线桥总体设计[J]. 桥梁建设, 2006(6): 28-32.

[5] 世界第一拱桥——重庆朝天门长江大桥[J]. 土工基础, 2012, 26(1): 87-88.

[6] 丁大钧. 苏通长江公路大桥[J]. 现代物业(上旬刊), 2012(2): 16-19.

[7] 张成东, 肖海珠, 徐恭义. 杨泗港长江大桥总体设计[J]. 桥梁建设, 2016, 46(2): 81-86.

[8] 杨利兵. 广东省主要航道已建跨河桥梁通航适应性分析[J]. 珠江水运, 2014 (12): 73-74.

[9] 韦巨秋, 普晓刚, 李旺生, 等. 广西Ⅰ级航道跨河桥梁通航标准研究报告[R]. 天津: 交通运输部天津水运工程科学研究所, 2014.

[10] 谭志荣. 长江干线船撞桥事件机理及风险评估方法集成研究[D]. 武汉: 武汉理工大学, 2011.

[11] 王君杰, 耿波. 桥梁船撞概率风险评估与措施[M]. 北京: 人民交通出版社, 2010.

[12] KNOTT M A. Vessel collision design codes and experience in the United States[C]// Proceedings of the International Symposium on Advances in Ship Collision Analysis. Copenhagen, Denmark, 1998: 75-84.

[13] LARSEN O D. Ship collision with bridges[J]. IABSE Structural Engineering Documents, 1993(2): 55-59.

[14] GLUVER H, OLSEN D. Current practice in risk analysis of ship collision to bridges [C]// Proceedings of the International Symposium on Advances in Ship Collision Analysis. Copenhagen, Denmark, 1998: 85-96.

[15] PEDERSEN P T, ZHANG S. The Mechanics of ship impacts against bridge[C]//

Proceedings of the International Symposium on Advances in Ship Collision Analysis. Copenhagen, Denmark, 1998:41-52.

[16] MANEN S E. Ship collision due to the presence of bridges[R]. Technical Report, PIANC General Secretariat, Brussels, 2001.

[17] 刘明俊,刘先栋,齐传新.船舶(队)通过黄石大桥引航方法探讨[J].武汉理工大学学报,1996,20(4):372-376.

[18] 刘明俊,刘先栋,齐传新.船舶(队)通过黄石大桥引航技术研究[J].航海技术,1999(1):2-5.

[19] 戴彤宇,聂武,刘伟力.长江干线船撞桥事故分析[J].中国航海,2002(4):44-47.

[20] 戴彤宇.船撞桥及其风险分析[D].哈尔滨:哈尔滨工程大学,2003.

[21] 耿波.桥梁船撞安全评估[D].上海:同济大学,2007.

[22] 耿波,王君杰,汪宏,等.桥梁船撞风险评估系统总体研究[J].土木工程学报,2007,40(5):34-40.

[23] 林铁良.船舶撞击桥梁风险评价[D].上海:同济大学,2006.

[24] 毛喆,任欲铮,桑凌志.长江干线水上交通事故黑点分析[J].中国航海,2016(4):76-80.

[25] 陈崇云.我国水上交通运输安全分析及事故预测的研究[D].大连:大连海事大学,2002.

[26] 蒙和彪.长江航道重庆段交通事故分析及预防措施研究[D].大连:大连海事大学,2011.

[27] 韩娟,方海,刘伟庆,等.桥墩防船舶撞击研究概述[J].公路,2013(10):60-66.

[28] 李应根,王银辉,邹毅松.非通航孔桥防船撞研究现状综述[J].华东公路,2015(4):5-8.

[29] HUANG C, HU S, KONG F. Pre-warning system analysis on dynamic risk of ship collision with bridge at restricted waters[C]// Proceedings of 2017 4th International Conference on Transportation Information and Safety (ICTIS). Banff, 2017:698-703.

[30] FUJII Y, SHIOBARA R. The analysis of traffic accidents[J]. Journal of Navigation, 1971, 24(4):534-543.

[31] FUJII Y. Some factors affecting the frequency of accidents in marine traffic[J]. Journal of Navigation, 1974, 27(2):235-252.

[32] MACDUFF T. The probability of vessel collisions[J]. Ocean Industry. 1974, 9:144-148.

[33] AASHTO. LRFD bridge design specification and commentary[S]. Washington D C: American Association of Highway and Transportation Officials, 1994.

[34] VROUWENVELDER A. Design for ship impact according to Eurocode 1, Part 2. 7[C]// Proceedings of the International Symposium on Advances in Ship Collision Analysis. Copenhagen, Denmark, 1998:123-134.

[35] KUNZ C U. Ship bridge collision in river traffic, analysis and design practice[C]// Proceedings of the International Symposium on Advances in Ship Collision Analysis. Copenhagen, Denmark, 1998:13-22.

[36] MONTEWKA J, HINZ T, KUJALA P, et al. Probability modelling of vessel collisions[J]. Reliability Engineering & System Safety, 2010, 95(5):573-589.

[37] ABDELAAL M, FRäNZLE M, HAHN A. NMPC-based trajectory tracking and collison avoidance of underactuated vessels with elliptical ship domain[J]. IFAC-PapersOnLine, 2016,49(23):22-27.

[38] 中交公路规划设计院有限公司. 公路桥涵设计通用规范:JTG D60—2015[S]. 北京:人民交通出版社股份有限公司,2015.

[39] 长江航道局. 内河通航标准:GB 50139—2014[S]. 北京:中国计划出版社,2014.

[40] 铁道第三勘察设计集团有限责任公司. 铁路桥涵设计基本规范:TB10002.1—2017[S]. 北京:中国铁道出版社,2017.

[41] 龚婷. 船撞桥事故概率研究[D]. 武汉:武汉理工大学,2010.

[42] 黄平明,张征文. 直航路上船舶碰撞桥墩概率分析[C]//中国土木工程学会. 中国土木工程学会桥梁及结构工程学会第十四届年会论文集. 上海:同济大学出版,2000:594-598.

[43] 张亚东,刘明俊,李晓磊. 失控船舶碰撞输电线路水中跨越塔概率研究[J]. 交通科学与工程,2016,32(4):80-86.

[44] 杨伟. 内河水域取水工程船撞概率研究[D]. 武汉:武汉理工大学,2011.

[45] 李冰. 内河水域船舶失控撞桥概率研究[D]. 武汉:武汉理工大学,2010.

[46] 钟建国. 嘉陵江重庆至北碚区段跨江大桥船撞风险分析[D]. 重庆:重庆交通大学,2009.

[47] ZHOU L, LIU M, LI B, et al. Research on probability of ship collision with bridge in different wind and drift[C]// Proceedings of 1th International Conference on Transportation Information and Safety (ICTIS). Wuhan, 2011:2490-2500.

[48] 张星星,陈明栋,陈明. 山区通航桥梁船撞概率合理性研究[J]. 科学技术与工程,2016,

16(13):284-288.

[49] 秦庭荣,陈伟炯,郝育国,等.综合安全评价(FSA)方法[J].中国安全科学学报,2005,15(4):88-92.

[50] 邵哲平.海上交通安全评价模型及仿真应用的研究[D].大连:大连海事大学,2001.

[51] 新井康夫.航行安全评价中的自然环境条件的影响[J].日本航海学会志120号,1994(2):15-20.

[52] GUCMA L. Methods of ship-bridge collision safety evaluation[J]. R& RATA, 2009, 2(13):50-63.

[53] HSU W. Ports's service attributes for ship navigation safety[J]. Safety Science, 2012, 50(2):244-252.

[54] PARK G, KIM Y K. On a data fusion model of the navigation and communication systems of a ship[J]. TransNav: International journal on marine navigation and safety of sea transportation, 2011, 5(1):51-56.

[55] KOLDENHOF Y, NIJSSE H, VAN DER TAK C, et al. Risk analysis as an integrated operational and legal instrument with respect to the safety of maritime traffic[C]// BREBBIA C A. WIT Transactions on Information and Communication Technologies. WIT, Southampton, 2010:245-256.

[56] MENTES A, AKYILDIZ H, YETKIN M, et al. A FSA based fuzzy DEMATEL approach for risk assessment of cargo ships at coasts and open seas of Turkey[J]. Safety Science, 2015, 79:1-10.

[57] ZAMAN M B, SANTOSO A, KOBAYASHI E, et al. Formal safety assessment (FSA) for analysis of ship collision using AIS data[J]. TransNav: International Journal on Marine Navigation and Safety of Sea Transportation, 2015, 9(1):67-72.

[58] 郑中义,吴兆麟.港口船舶事故致因的灰色关联分析模型[J].大连海事大学学报,1997,23(2):61-64.

[59] 邵哲平,吴兆麟,方祥麟,等.基于模糊推理系统的操船环境危险度的评价方法[J].大连海事大学学报,1999,25(4):16-20.

[60] 吴兆麟.海上避碰与交通安全研究[M].大连:大连海事大学出版社,2001.

[61] 赵红红.东营港通航安全评估研究[D].青岛:中国海洋大学,2009.

[62] 蔡垚.综合安全评估关键技术研究[D].大连:大连海事大学,2010.

[63] 赵学军.FSA在港口水域通航安全评估中的应用[D].大连:大连海事大学,2010.

[64] 程志鹏.FSA在锚泊安全中的应用研究[D].大连:大连海事大学,2015.

[65] 倪欣鹏.基于云理论的鲅鱼圈港水域通航安全评价研究[D].大连:大连海事大学,2018.

[66] 谭啸.国内大型油码头安全论证[D].大连:大连海事大学,2012.

[67] 郑中义,李红喜.通航水域航行安全评价的研究[J].中国航海,2008,31(2):130-134.

[68] 张冠群,孔宪卫,李延伟,等.天津中心渔港水域通航风险及安全管理研究[J].天津航海,2018,148(3):58-59.

[69] 汪培庄.模糊数学简介(Ⅰ)[J].数学的实践与认识,1980(2):45-59.

[70] 陈永义,刘云丰,王培庄.综合评价的数学模型[J].模糊数学,1983(1):61-69.

[71] 王光远.论综合评判几种数学模型的实质及应用[J].模糊数学,1984(4):81-88.

[72] 王道勇.模糊综合评判的失效与处理[J].工科数学,1994,10(1):45-49.

[73] 宋世德,周静芋,袁志发.解决模糊综合评判中失效与失真问题的方法[J].西北农业大学学报,1996,24(1):75-78.

[74] 张晓平.模糊综合评判理论与应用研究进展[J].山东建筑工程学院学报,2003,18(4):90-94.

[75] 邱云明.临海港口航道航行环境安全综合评价及计算机辅助实现[D].上海:上海海事大学,2004.

[76] 张大恒.港口通航环境安全综合评价系统及实现[D].大连:大连海事大学,2007.

[77] 赵磊.天津临港通航安全综合评价指标体系研究[D].武汉:武汉理工大学,2010.

[78] 王晨阳,孔宪卫,王建军.沿海港区新建码头通航风险评价的方法研究[C]//中国科学技术协会.2018世界交通运输大会论文集.北京:2018世界交通运输大会,2018.

[79] 李锦伟.模糊层次分析方法在高速船通航风险评估系统中的应用研究[D].杭州:浙江工业大学,2007.

[80] 廖学海.四川省公路洪灾风险评估研究[D].重庆:重庆交通大学,2015.

[81] 高祥安.船舶航线综合评价及其软件系统[D].上海:上海海事大学,2005.

[82] 周振超.狭水道船舶操纵安全综合评价[D].上海:上海海事大学,2005.

[83] 肖亮希.桥区水域通航评估的内容与方法研究[D].武汉:武汉理工大学,2007.

[84] 梁锡.内河大桥水域通航环境安全评价方法的研究[D].大连:大连海事大学,2011.

[85] 黄常海,胡甚平,高德毅,等.桥区水域通航安全风险评价研究[J].安全与环境学报,2013,13(6):238-242.

[86] 钟军,刘明俊,罗晨,等.基于组合权重模糊物元模型的船桥碰撞风险评价[J].安全与环境学报,2018,18(2):423-428.

[87] 桂慧樵.深度探析——关注长江六十座大桥锁住黄金水道[N].经济日报,2003-7-31.

[88] 中交水运规划设计院有限公司.海轮航道通航标准:JTS 180—3—2018[S].北京:人民交通出版社股份有限公司,2018.

[89] 长江航道局,中交水运规划设计院有限公司.长江干线通航标准:JTS 180—4—2015[S].北京:人民交通出版社股份有限公司,2015.

[90] 贺亮鑫.跨河桥梁通航净空尺度的确定和验算方法[J].中国水运,2017(10):53-54.

[91] 庄元.桥梁通航论证关键技术研究[D].武汉:武汉理工大学,2008.

[92] 交通运输部.水上交通事故统计办法[EB/OL].[2016-6-8].https://www.msa.gov.cn/page/article.do?articleId=96C4EF89-3BE8-4CD5-93B7-01698DEDB64F&channelId=DC7BC6AF-67B2-4F91-A29D-226AF2C95341.

[93] 杨洪斌."九江大桥被撞"案破案纪实[J].珠江水运,2012(17):58-59.

[94] 褚善东.舟山跨海大桥水域的通航管理[J].上海海事大学学报,2008,29(4):15-20.

[95] 刘明俊,潘纬超.新建海船拖航通过黄石长江大桥安全限制条件浅析[J].武汉理工大学学报(交通科学与工程版),2013,37(3):553-557.

[96] 周兴华.武汉长江大桥桥墩防撞研究[D].成都:西南交通大学,2004.

[97] 朱海涛.对武汉长江大桥被船撞76次事故的反思[C]// 中国土木工程学会桥梁及结构工程分会.第二十届全国桥梁学术会议论文集(下册).北京:人民交通出版社,2012:1170-1175.

[98] 王涛,李辉.白沙沱长江大桥水域船撞桥风险及管理对策研究[C]// 中国航海学会内河海事专业委员会.中国航海学会内河海事专业委员会第七届委员会委员大会暨2012年学术交流会论文集,2012.

[99] 王曾博,周建强.南京长江大桥船舶撞桥事故综析[J].中国水运,1996(12):37-38.

[100] 赵劲松.船—桥碰撞与南京长江大桥的防碰问题[J].大连海事大学学报,1992,18(1):77-81.

[101] 胡一民,周烨,陈斌.海船上行安全距离驶经南京长江大桥桥墩对策[J].中国航海,2013,36(3):65-69.

[102] 史卿.南京长江大桥第六孔航道布置优化研究[J].水道港口,2018,39(4):445-450.

[103] 刘若秋.荆州长江大桥水域通航安全风险与对策[J].中国水运,2010(10):34-35.

[104] 李斌.浅谈荆州长江公路大桥南汊应急通航管理[J].交通信息与安全,2009,27(S2):54-59.

[105] 慈红武.内河航道建设桥梁要注意的几个问题[J].中国水运(下半月),2012,12(2):196-196.

[106] 陈明栋,罗家麟,杨斌.通航河流中桥梁选址应注意的一些问题[J].重庆交通大学学

报,1998,17(1):31-38.

[107] 杨斌,陈明栋.山区通航河流中桥梁选址和设计应注意的问题及通航影响评价[J].中国港湾建设,2007(2):39-41.

[108] 李焱,郑宝友,陈汉宝.港口通航环境对船舶航行安全的影响分析及评价[J].水道港口,2007,28(5):342-347.

[109] 张鹏.航道水域船舶航行环境危险度的评价[D].大连:大连海事大学,2007.

[110] 刘振东.基于系统工程理论的天津港通航安全综合评价[D].武汉:武汉理工大学,2011.

[111] 刘钊.船舶交通流特征统计分析及预测模型研究[D].武汉:武汉理工大学,2013.

[112] 顾正洪.交通运输安全[M].南京:东南大学出版社,2009.

[113] 张建国,蒋国仁.集装箱船舶大型化和高装卸效率的对策[J].港口装卸,2000(3):20-23.

[114] 朱国强.漫话集装箱船运输(二)[J].航海,2002(3):43.

[115] 赵家林.抗横倾系统在集装箱船上的应用综述[J].江苏船舶,1996(6):7-9.

[116] 谈俊峰,陈京普.参数横摇对集装箱船设计和运营的影响[J].集装箱化,2015(4):16-17.

[117] 韩俊松.国际航行散货船全损事故研究[J].航海技术,2014(1):64-67.

[118] 於健,张猛,包法伟.干散货船海难事故统计分析[C]//中国航海学会.2008年船舶安全管理研讨会论文集,2008:104-107.

[119] 任孔愚.大型散货船船体损伤事故及对策研究[J].中国航海,1996,39(1):44-55.

[120] 祁超忠.LNG船舶运输特点及发展[J].航海技术,2007(1):41-43.

[121] 张文海.LNG船历史事故研究[J].船舶,2011,22(4):1-5.

[122] 王春华.杂货船运输的现状及其发展趋势[J].中外船舶科技,2010(2):18-20.

[123] 鲍君忠,刘正江.普通杂货船安全状况研究[J].中国航海,2010,33(1):56-60.

[124] 王运龙,金朝光,纪卓尚,等.油船结构形式的变化及发展[J].中国舰船研究,2011,6(1):1-6.

[125] 孔宪卫,张帅,王贯明,等.施工船舶作业对通航安全影响浅析[J].天津航海,2013(1):12-14.

[126] 程志友.交汇水域船舶交通冲突作用机理及控制研究[D].武汉:武汉理工大学,2011.

[127] 洪碧光.船舶操纵[M].大连:大连海事大学出版社,2007.

[128] 佟宝德,石爱国,杨宝璋,等.船舶搁浅触礁的原因及其预防[J].航海技术,1996(3):

11-14.

[129] 范晓飚,刘元丰.航道与引航[M].大连:大连海事大学出版社,2006.

[130] 苏炳魁.海事领域人为因素研究[D].大连:大连理工大学,2006.

[131] 梁国珍,黄加亮.人为因素对船舶航行安全的影响及对策[J].天津航海,2004(2):32-36.

[132] 杨鑫.智能船舶交通管理系统关键技术的研究与应用[D].大连:大连海事大学,2012.

[133] 孔宪卫.船舶操纵运动数学模型及其在通航安全论证中应用[D].天津:天津大学,2007.

[134] 贾欣乐,杨盐生.船舶运动数学模型[M].大连:大连海事大学出版社,1999.

[135] 周昭明,盛子寅,冯悟时.多用途货船的操纵性预报计算[J].船舶工程,1983,5(6):21-29.

[136] 熊仕涛.船舶概论[M].北京:中国标准出版社,1996.

[137] 张庆河,李炎保.船舶进出口门航行数值模拟分析研究报告[R].天津:天津大学港口工程系,2000.

[138] 沈贻德,周连第.螺旋桨设计图谱的数学表达[J].中国造船,1981,32(1):11-20.

[139] 李国定,古文贤.螺旋桨推力系数 K_T 值的数学表达[J].大连海事大学学报,1991,17(3):261-267.

[140] 杨盐生,方祥麟.不均匀流中船舶操纵运动仿真模型及应用[J].中国造船,1997,38(1):30-34

[141] 洪碧光.船舶风压系数计算方法[J].大连海事大学学报,1991,17(2):113-121.

[142] 中交第一航务工程勘察设计院有限公司,中交第二航务工程勘察设计院有限公司.港口工程荷载规范:JTS 144—1—2010[S].北京:人民交通出版社,2010.

[143] 盛子寅.浅水中船体操纵水动力导数的计算[J].中国造船,1982,23(3):31-42.

[144] 赵月林,古文贤.浅水中船舶操纵运动的模拟计算[J].大连海事大学学报,1990,16(4):337-344.

[145] 吴秀恒,刘祖源,施生达,等.船舶操纵性[M].北京:国防工业出版社,2005.

[146] 张庆河,李炎保,韩涛.考虑外环境影响的船舶操纵模拟自动舵系统[J].中国造船,2001,42(3):34-38.

[147] 张庆河,李炎保,韩涛,等.一种船舶操纵离线模拟系统及其应用[J].天津大学学报,2002,35(3):281-284.

[148] 宋天骄.船舶操纵模拟器仿真可信度的研究[D].大连:大连海事大学,2015.

[149] 孔宪卫,李金合,冯小香,等.船舶模拟器在引江济汉通航工程与长江交汇口布置中的应用[J].水道港口,2010,31(4):276-281.

[150] 张磊,曲径,李晓松.引江济淮工程(安徽段)连续反弯段船舶仿真操纵模拟试验研究[J].天津航海,2019(2):59-62.

[151] 赵仓龙.沪通铁路长江大桥水域通航环境综合风险评价研究[J].水运工程,2014(8):123-128.

[152] 关政军.船舶交通事故的分析[J].大连海事大学学报,1997,23(1):46-51.

[153] 于伯,吴兆麟.港口VTS管理程度等级划分的定量研究[J].大连海事大学学报,1989,15(3):25-30.

[154] 中交水运规划设计院有限公司,中交第一航务工程勘察设计院有限公司.海港总体设计规范:JTS 165—2013[S].北京:人民交通出版社,2014.

[155] 薛伟.大连港及其附近水域船舶碰撞事故风险分析[D].大连:大连海事大学,2013.

[156] 崔国平.南京长江大桥桥区水域通航风险分析及安全管理对策[D].大连:大连海事大学,2012.

附录

桥区水域船舶通航安全研究专家调查表

尊敬的专家：

因研究桥区水域船舶通航安全需要，制定本调查表。请根据您的经验，按本表的说明填入所需要的内容。谢谢您对本研究的协助和指导！

1. 对下表中横、纵栏所列的各个因素逐个进行两两比较，将其相对重要程度填入下表中对应栏内：

当两个因素"同等重要"时，填"1"，如表所示；当纵栏的因素比横栏的因素"稍微重要"时，填"3"；"明显重要"时，填"5"；"强烈重要"时，填"7"；"极端重要"时，填"9"。当纵栏与横栏因素的比较结果是后者比前者重要时，请填入上述数字的倒数，例如，纵栏的因素比横栏的因素"极端不重要"，则填"1/9"。

一级指标评价表

权重	桥梁因素	自然因素	人为因素	交通因素
桥梁因素	1			
自然因素	—	1		
人为因素	—	—	1	
交通因素	—	—	—	1

桥梁因素指标评价表

桥梁因素	通航净空	通航净高	桥梁选址
通航净空	1		
通航净高	—	1	
桥梁选址	—	—	1

自然条件因素指标评价表

自然因素	能见度	风	流
能见度	1		
风	—	1	
流	—	—	1

交通条件因素指标评价表

交通因素	VTS管理	助航标志	交通流因素
VTS管理	1		
助航标志	—	1	
交通流因素	—	—	1

2. 对于桥区水域船舶通航安全来说，就下表提出的项目及其对应的数值或指标，请分别选择所对应的危险等级，并在该指标的相应等级栏上打"√"。

危险等级表

项目	指标	危险等级				
		低危险	较低危险	一般危险	较高危险	高危险
通航净宽/船宽	≥8.0					
	7.0~8.0					
	5.0~7.0					
	3.0~5.0					
	<3.0					
通航净高与船高的差值（m）	≥2.0					
	1.5~2.0					
	1.0~1.5					
	0.5~1.0					
	<0.5					
桥梁选址	好					
	较好					
	一般					
	较差					
	很差					

续表

项目	指标	危险等级				
		低危险	较低危险	一般危险	较高危险	高危险
能见度不良能见距离小于2 km的天数（天/年）	<10					
	10~20					
	20~30					
	30~40					
	>40					
大于6级风的天数（天/年）	<25					
	25~45					
	45~85					
	85~125					
	>125					
桥区纵向流速（m/s）	<1					
	1~2					
	2~3					
	3~4					
	>4					
桥区横向流速（m/s）	<0.1					
	0.1~0.3					
	0.3~0.5					
	0.5~0.8					
	>0.8					
碰撞概率	$<10^{-5}$					
	10^{-5}~10^{-3}					
	10^{-3}~0.1					
	0.1~10					
	>10					
助航标志完备率	很好					
	较好					
	一般					
	较差					
	很差					

续表

项目	指标	危险等级				
		低危险	较低危险	一般危险	较高危险	高危险
VTS管理	很好					
	较好					
	一般					
	较差					
	很差					
交通流密度 (艘次/天)	＜240					
	240～500					
	500～800					
	800～1 000					
	≥1 000					

3. 您的身份:(在□内打"√")

船长□　　大副□　　二副□　　三副□

正高级工程师□　　高级工程师□　　工程师□　　助理工程师□

高级引航员□　　一级引航员□　　二级引航员□　　三级引航员□

其他□